TIMBUKTU

JOHN O. HUNWICK UND ALIDA JAY BOYE
FOTOGRAFIEN VON JOSEPH HUNWICK

TIMBUKTU
UND SEINE VERBORGENEN SCHÄTZE

AUS DEM ENGLISCHEN VON VERENA KÜSTNER

FREDERKING & THALER

SEITE 1 Die politische Korrespondenz zwischen den islamischen Anführern der Mittleren Nigerregion und darüber hinaus wurde meist auf Arabisch geführt. Dieser Brief aus der Mitte des 19. Jahrhunderts wurde vom Emir von Timbuktu, Abdu al-Qadir b. Muhammad al-Sanusi al-Tinbukti, an den »Emir der Gläubigen«, Ahmadu Ahmadu, geschrieben, der von 1853–1862 den islamischen Staat Hamdallahi in Masina regierte, der im Binnendelta des Niger südöstlich von Timbuktu lag. Aus der Mamma-Haidara-Bibliothek.

SEITE 2 Ein Kunta-Kalligraf in Timbuktu schreibt den ersten Vers des Koran auf ein hölzernes Schreibbrett.

SEITE 6/7 Abdoul Wahid Haidara, der Direktor der Mohamed-Tahar-Bibliothek in Timbuktu, blättert in einem Haufen Handschriften, den er kürzlich von seinem Vater geerbt hat. Zweifellos werden in der ganzen Region noch viele solcher privater Sammlungen auftauchen.

Die Deutsche Nationalbibliothek verzeichnet diese Publikation in der Deutschen Nationalbibliografie; detaillierte bibliografische Daten sind im Internet über http://dnb.d-nb.de abrufbar.

Rechte der englischsprachigen Originalausgabe:
Copyright © 2008 University of Oslo, Centre for Development and the Environment
Originaltitel: *The Hidden Treasures of Timbuktu – Historic City of Islamic Africa*,
erschienen bei Thames & Hudson Ltd., London

Rechte der deutschsprachigen Ausgabe:
Copyright © 2009 Frederking & Thaler Verlag GmbH, München
www.frederking-thaler.de

Übersetzung aus dem Englischen von Verena Küstner
Lektorat, Satz und Herstellung: VerlagsService Dr. Helmut Neuberger & Karl Schaumann GmbH, Heimstetten
Umschlaggestaltung: Guter Punkt GmbH & Co. KG, München

Druck und Bindung: CS Graphics Pte Ltd

Printed in Singapore

ISBN 978-3-89405-755-8

INHALT

● TOLEDO

ANDALUSIEN

● KAIROUAN

● TLEMCEN

● CEUTA

● FEZ

● RABAT

ATLAS-GEBIRGE

● MARRAKESCH

● SIJILMASA

● GHADAMES

● ZAGOR

WADI DAR

TUWAT

● TAGHAZA

HOGGAR-MASSIV

● TAOUDENITE

AZAWAD

Adrar-des-Iforas-Massiv

ARAWAN ● ● BOUJEBEHA

● AWDAGHAST

● WALATA

TIMBUKTU

● TADMEKKA

AÏR-MASSIV

● KABARA

Nigerbogen ● GAO

TAKEDDA

Inlanddelta

Tschadsee

● MOPTI

Masina ● **Hamdallahé**

Niger

BORNO

● DJENNE

DOGON-GEBIETE

SOKOTO ● ● KATSINA

Senegal

FUTA TORO

BAMBUK

● SÉGOU

HAUSALAND ● KANO

Gambia

BAMAKO ●

Niger

FUTA JALLON

AKAN-WÄLDER

Nigerdelta

EINFÜHRUNG

Die historischen Handschriften Timbuktus revolutionieren unser Verständnis von Afrika, vergrößern unser Wissen über die afrikanische Geschichte und lüften die Geheimnisse dieser berühmten, aber bislang fast unbekannten Stadt. Einst war Timbuktu eines der großen Zentren der islamischen Wissenschaft. Heute beherbergt es die meisten Handschriftensammlungen in Westafrika. In der Stadt gibt es allein 60 private Bibliotheken. Diese Sammlungen einzelner Familien wurden von Generation zu Generation bewahrt. Obwohl viele Manuskripte durch Plünderungen verloren gingen oder durch Feuer, Überflutungen oder Insekten zerstört wurden, hat doch eine Million Handschriften überdauert. Diese sind über die gesamte Region verteilt – von den Küsten des Mittelmeers bis zu den nördlichen Waldgebieten Guineas und Ghanas.

Die Handschriften reichen von winzigen Papierfragmenten bis hin zu Büchern und Abhandlungen von mehreren Hundert Seiten. Handschriften wurden zwischen dem 14. und 19. Jahrhundert aus dem Mittleren Osten und aus Nordafrika importiert, aber auch in der Region selbst geschrieben und kopiert. Bei vielen handelt es sich um die Primärtexte des Islam – Exemplare des Korans und Sammlungen des *Hadith* (der Aussprüche und Taten des Propheten Mohammed) ebenso wie um Andachtstexte und Sufischriften. Es gibt die kanonischen Werke der malikitischen Schule des islamischen Rechts und der islamischen Wissenschaften, darunter Astronomie, Mathematik und Grammatik. Aber es sind auch zahlreiche Originalwerke erhalten, die aus der Region selbst stammen: Poesie, Kommentare und Chroniken ebenso wie Korrespondenz, Verträge, Randbemerkungen und Notizen – eine überraschend reiche Quelle historischer Informationen.

Diese literarischen Schätze bezeugen die großen intellektuellen Leistungen der Gelehrten dieser Region. Damit wandelt sich auch unser Bild von Subsahara-Afrika. Es erscheint nicht mehr nur als Land des »Gesangs und des Tanzes«, sondern als ein Gebiet mit reichem literarischem Erbe.[1] Mittlerweile führen Sippen Sammlungen, die auf verschiedene Zweige verstreut sind, wieder zusammen und errichten Bibliotheken, oder sie geben ihre Schätze in die Hände von Experten. Mit dem Auftauchen neuer Handschriften wird die afrikanische Geschichte ergänzt und zum Teil auch neu geschrieben.

Zu lange war Timbuktu ein Ort, von dem zwar jeder schon gehört hatte, den aber niemand auf der Karte finden konnte, ein Ort, der mehr für einen Mythos stand als für eine reale Stadt. Durch die Konservierung, Katalogisierung und Analyse seiner Handschriften hat sich unsere Wahrnehmung geändert, und wir erkennen, dass Timbuktu ein wichtiges historisches Zentrum der islamischen Gelehrsamkeit und Kultur war.

Noch viele Forschungen in allen Disziplinen und über nationale Grenzen hinweg sind nötig, um den ganzen Reichtum dieser manchmal immer noch unidentifizierten Papiere zu erfassen. Dieses Buch versteht sich nicht als neuer wissenschaftlicher Beitrag, auch wenn es auf primärer akademischer Forschung beruht – vornehmlich der von Professor John Hunwick.

9

Eher ist es eine Hommage an die Gelehrten Timbuktus und ein Versuch, diese schriftlichen Quellen der afrikanischen Geschichte bekannter zu machen und diejenigen zu korrigieren, die glauben, dass Afrika über keine schriftliche Geschichte verfüge.

EINE TAUSENDJÄHRIGE GESCHICHTE

»Timbuktu gleicht keiner anderen der Städte der Schwarzen ... und war bekannt für seine beständigen Institutionen, politischen Freiheiten, die moralische Reinheit seiner Sitten, die Sicherheit seiner Bewohner und ihrer Besitztümer, für das Mitgefühl gegenüber den Armen und Fremden ebenso wie für die Zuvorkommenheit und Großzügigkeit gegenüber Studenten und Gelehrten.«

Tarikh al-Fattash, vollendet 1665[2]

Nach seiner Gründung um das Jahr 1100 n. Chr. als saisonales Lager für Wüstennomaden entwickelte sich Timbuktu über die nächsten Jahrhunderte zu einer florierenden Handelsstadt, die entscheidenden Einfluss auf die intellektuelle, soziale und wirtschaftliche Entwicklung Westafrikas ausübte. Gelegen am nördlichsten Bogen des Niger, zwischen den Goldminen im Süden Westafrikas und den Salzminen der Sahara, avancierte es zu einem der Hauptzentren im interregionalen Handel. Im 14. Jahrhundert, als das Reich des alten Mali im Zenit stand[3] – stammten rund zwei Drittel der weltweiten Goldbestände aus Westafrika. Ein großer Teil dieses Goldes kam durch Timbuktu.

Seit ihrer Gründung war die Stadt islamisch. Ende des 7. Jahrhunderts n. Chr. hatten die muslimischen Araber ganz Nordafrika erobert. In den folgenden Jahrhunderten breiteten sich der Islam und die Arabische Kultur weiter in den afrikanischen Kontinent aus, nicht durch Eroberung, sondern durch muslimische Händler, die sich auf der Suche nach Gold durch die Sahara wagten. So wurde Arabisch erst zur Schriftsprache der Kaufleute und Reisenden und dann der Gelehrten und Könige. Diplomatische und wirtschaftliche Beziehungen zwischen Nordafrika und dem Nigerbogen sowie zwischen dem Nigerbogen und Gebieten weiter südlich erforderten eine Kommunikation über große Distanzen. Das geschriebene Wort regelte wirtschaftliche Transaktionen (darunter auch den Sklavenhandel), legi-

timierte Autoritäten und rief sogar zum Krieg auf.[4] Gelehrsamkeit war damit nicht nur ein intellektuelles und spirituelles Bestreben, sondern auch ein Mittel des sozialen und politischen Einflusses, manchmal sogar eine Frage von Leben oder Tod. Die berühmten Gelehrten der Region stammten oft aus reichen Kaufmannsfamilien. Der Handel schuf eine wohlhabende Führungselite, deren Gelehrte genügend Geld und Zeit hatten, um sich Bücher zu kaufen sowie um zu lesen und zu schreiben.

Durch Handel, Eroberungen und Eheschließungen vermischte sich die Bevölkerung des schwarzen Afrikas mit der des am Mittelmeer gelegenen Teils, wodurch der Nigerbogen zu einem der ethnisch mannigfaltigsten Gebiete in Afrika wurde. Beinahe jede ethnische Gruppe in der Region hat Timbuktu schon einmal beherrscht, und jeder Machthaber war bestrebt, die Sicherheit und damit die Profite der westafrikanischen Handelsrouten zu gewährleisten. Aber durch den wiederholten Wechsel der politischen Eliten war die Schicht der Gelehrten in Timbuktu faktisch weitgehend autonom. Ihre weisen Männer oder *Ulama* bildeten die regierende Elite der Stadt und dienten als Imame und Lehrer, als Schreiber, Juristen und Richter.

Timbuktu verlor im Laufe des 15. und frühen 16. Jahrhunderts nach und nach seine Vorrangstellung als Zentrum des Fernhandels, da die Handelsrouten durch die Sahara durch portugiesische Seefahrer, die an der westafrikanischen Küste Handel trieben, und dann durch die Entdeckung von Gold in Nord- und Südamerika an Bedeutung verloren. Die Stadt hatte im Laufe der Zeit auch unter klimatischen und politischen Widrigkeiten zu leiden. Dazu gehörten wiederholte Plünderungen und Vertreibungen, wie sie der Chronist al-Sadi im *Tarikh al-Sudan* beschreibt, Brände, wie bei Leo Africanus zu lesen, der die Stadt im frühen 16. Jahrhundert besuchte, sowie Eroberungen durch eine Reihe westafrikanischer Völker ebenso wie durch Marokkaner und Franzosen; schließlich der Aufstand der Tuareg im letzten Jahrzehnt des 20. Jahrhunderts und die Überschwemmung von 1999. Alles das hat über die Jahrhunderte seinen Tribut gefordert. Aber durch die Unabhängigkeit und den Stolz der Bürger von Timbuktu konnten die Kultur der Stadt und ihre Bibliotheken bis ins 21. Jahrhundert bewahrt werden.

TIMBUKTUS LITERARISCHES ERBE

Bis vor Kurzem konnte man die Bedeutung des literarischen Erbes der Region nur schwer einschätzen, da es weit verstreut war. Ironischerweise könnte aber ebendies sein Überleben gesichert haben. Während der Kolonialzeit wurden Handschriftensammlungen aus Angst vor Beschlagnahme versteckt, manchmal buchstäblich im Wüstensand. Erst in den letzten 25 Jahren wurden die Schätze des vergangenen geistigen Lebens in der Region wieder ausgegraben.

Neue Quellen aller Art vergrößern unser Wissen vom Gebiet des Nigerbogens, aber dennoch bleiben auch viele Lücken. In jüngerer Vergangenheit konnten nur wenige Wissenschaftler diese Manuskripte studieren und analysieren. Nicht nur die Handschriften selbst waren gefährdet, es mangelte auch am Fachwissen, das nötig ist, um ihren Inhalt zu lesen und zu interpretieren. Unter der Kolonialherrschaft wurde das Arabische als Verkehrssprache größtenteils durch das Französische verdrängt, weswegen viele der Familien, die Handschriften besaßen, diese nicht mehr lesen konnten. Erst kürzlich wurde Arabisch wieder in den Universitäten Malis eingeführt. So gibt es zwar hoch qualifizierte malische Historiker, aber nur wenige davon können diese Handschriften wissenschaftlich auswerten.

OBEN Männer in Timbuktu auf ihrem Rückweg von den Freitagsgebeten. Mali ist immer noch ein überwiegend muslimisches Land. Unter der Kolonialherrschaft allerdings verdrängte die französische Sprache weiterhin das Arabische im Erziehungswesen und Schrifttum, sodass viele Familien die geerbten Handschriften nicht mehr lesen können.

In den akademischen Institutionen des Westens liegt einer der Hauptgründe für die Vernachlässigung der arabischen Literatur Afrikas in der unglücklichen Trennung zwischen Nahoststudien und der Afrikanistik. Die daraus folgende Einteilung des afrikanischen Kontinents in einen dem »Nahen Osten« zugerechneten und einen als »afrikanisch« bezeichneten Teil ist ein Erbe der Orientalistik und des Kolonialismus. Nordafrika mit Ägypten wird üblicherweise zum Nahen Osten gerechnet, obwohl sich die einschlägigen Experten kaum weiter westlich als bis nach Ägypten vorwagen. Nordwestafrika – der Maghreb – gilt meist nur als Randgebiet der Nahoststudien und als irrelevant für die Afrikanistik. Sogar die Sahara und die modernen Staaten Sudan und Mauretanien liegen in einer Art akademischem Niemandsland. Nordwestafrika wurde – trotz der engen und dauerhaften Verbindung mit Westafrika – von den meisten Afrikanisten nicht beachtet. Obwohl einige Wissenschaftler durchaus versucht haben, ganz

Nordafrika in die Geschichte des Kontinents zu integrieren,[5] konzentrieren sich die meisten Arbeiten über Afrika immer noch auf die Gebiete südlich der Sahara. Die wissenschaftliche Schule, die dieser Studie zugrunde liegt, ist bemüht, diesen Graben zu überbrücken.

Dieses Buch widmet sich der Tradition der Handschriften, lässt also die reiche mündliche Tradition[6] des Gebietes am Nigerbogen oder die Ergebnisse der Archäologie außer Acht.[7] Archäologen, Anthropologen und Historiker diskutieren immer über die geschichtlichen Wanderungen von vielen der ethnischen Gruppen im Nigerbogen,[8] über die Lage der Hauptstädte der großen Reiche[9] ebenso wie über deren Königsfolge. Ihre Arbeit wird durch die Plünderung archäologischer Stätten und privater Bibliotheken erschwert.

Gewidmet ist dieses Buch den Schutzherren Timbuktus, seinen gelehrten Traditionen und seinen Handschriften. Die Bösewichte in seiner Geschichte sind diejenigen, die auf die ein oder andere Art die Autonomie der gelehrten Elite Timbuktus bedrohten. Natürlich würden die Kriegsherren, die Timbuktu belagerten, ein ganz anderes Bild gezeichnet haben, ebenso die ungebildeten Schichten des Nigerbogens. Keine Art von his-

torischen Belegen kann allein Aufschluss geben, und sich ausschließlich auf geschriebene Quellen zu verlassen, birgt das Risiko, Weltanschauungen und Vorurteile der herrschenden Klasse weiterzutragen. Auch kann die Geschichte Timbuktus nicht losgelöst von den Ereignissen in Hausaland, Futa Jallon, Masina und weiter entfernten westafrikanischen Gebieten verstanden werden. Schwankungen auf dem europäischen Goldmarkt oder die Abschaffung des transatlantischen Sklavenhandels beeinflussten die Stadt ebenso wie religiöse Bewegungen anderswo in der islamischen Welt.

Nichtsdestoweniger sind die literarischen Quellen, auf denen das Buch basiert, eine wichtige Ressource, deren Potenzial gerade erst richtig entdeckt wird. Vor den 1950er-Jahren wusste der Westen nur sehr wenig über die arabischen Schriften aus dem Afrika südlich von Ägypten und dem Maghreb, auch wenn ein oder zwei Sammlungen solcher Handschriften in europäischen Museen lagerten. Insbesondere sei hier die Bibliothek von Omar Tall und dessen Nachfahren erwähnt, die von der französischen Kolonialverwaltung 1890 in Ségou konfisziert

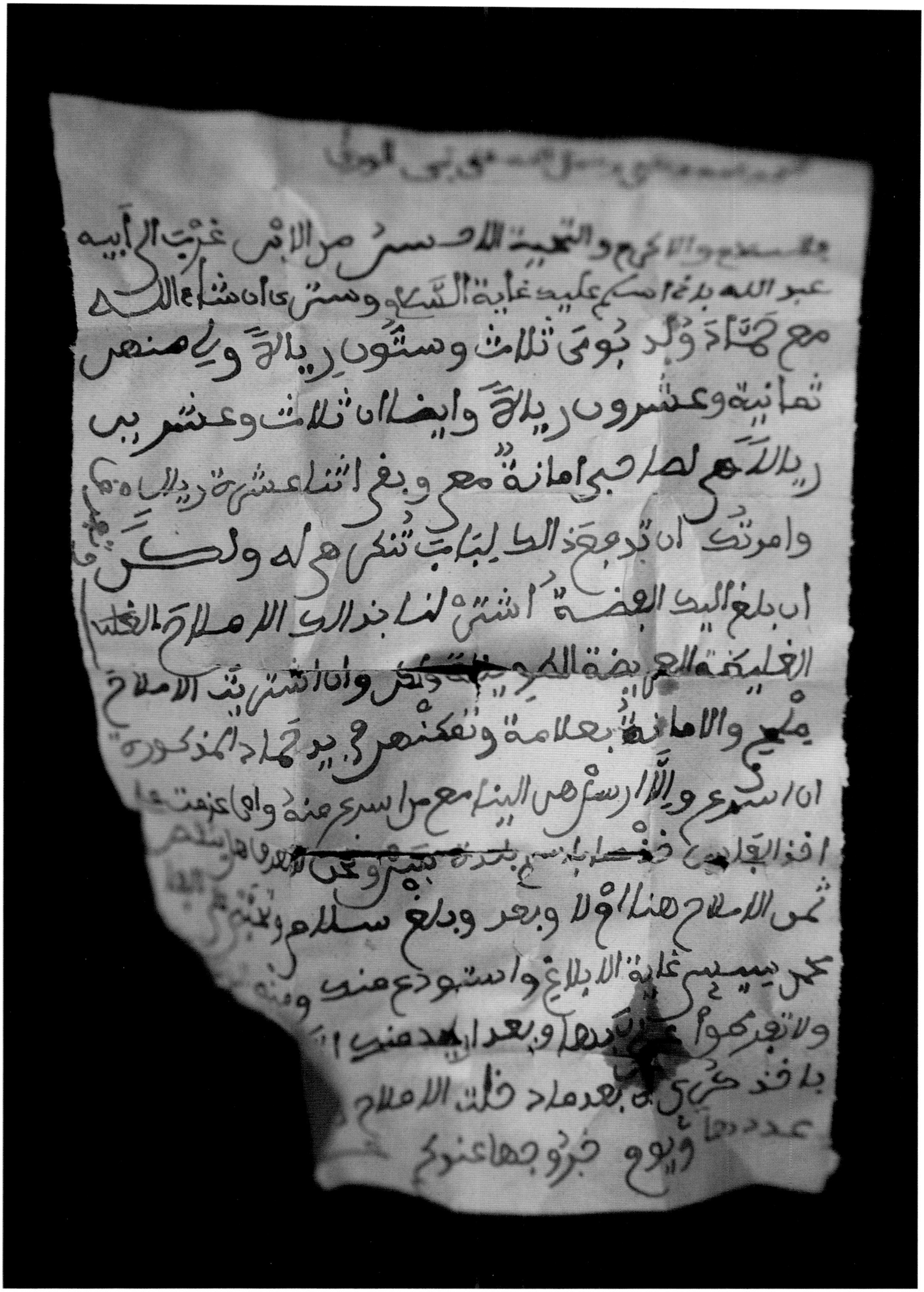

und in die Bibliothèque Nationale nach Paris gebracht wurde. Die berühmte Geschichte der arabischen Literatur von Carl Brockelmann, erschienen zwischen 1898 und 1902, widmet nur vier von insgesamt 4706 Seiten den arabischen Schriften in Subsahara-Afrika.

Angesichts der offensichtlichen Vielfalt der arabischen literarischen Tradition in Subsahara-Afrika und des mangelnden wissenschaftlichen Interesses daran entschieden sich John Hunwick und Sean O'Fahey, einen Führer zu deren Autoren und Werken zu schreiben. Als sie ihr Projekt 1965 begannen, konnten sie nicht ahnen, wie viele arabische Schriften sie entdecken würden und wie unglaublich viele Manuskripte immer noch versteckt sind. Als Ergebnis ihrer Arbeit legten sie ein mehrbändiges Werk vor mit dem Titel *Literature of Africa* mit Schriften vom Senegal bis Tansania.[10]

Sehr wichtig für die Bewahrung eines literarischen Erbes ist das Katalogisieren. Im Fall von Handschriften

UNTEN UND RECHTS Schüler der *Madrasa* in Djenné. Schon in sehr jungen Jahren werden Jungen in Bildungszentren wie Djenné oder Timbuktu geschickt, um den Koran zu studieren. Früher aber hatten nur sehr wenige Bewohner Malis die Gelegenheit, wirklich gut Arabisch zu lernen.

erleichtert es nicht nur den Zugang zu den verschiedenen Werken, sondern bewahrt für den Fall des Verlustes auch, was vorhanden war. Anders als bei Druckwerken ist jede Handschrift einzigartig, und jede Kopie muss erfasst werden. Mittlerweile existieren in der ganzen Region mehrere Kataloge und Datenbanken. Die verstreuten Bibliotheken dieses einstigen Zentrums geistiger Aktivitäten am Rande der islamischen Welt werden nun durch innovative Computertechnologien wieder vereint. Auf diese Weise können die Inhalte verschiedener Sammlungen, die über drei Kontinente und – innerhalb Afrikas – in mindestens einem halben Dutzend nationaler Lagerstätten verstreut sind, zusammengeführt werden.[11] Langsam beginnen wir zu ahnen, was die Gelehrten dieser Region vor 200 Jahren bereits über die Bücher dieses Gebietes wussten.

TIMBUKTU HEUTE

Die moderne Republik Mali, die 1960 gegründet wurde, übernahm ihren Namen vom alten Mali-Reich, auch wenn sie sich an Größe und Reichtum nicht mit diesem messen kann. Tatsächlich gehört Mali trotz seiner hohen Kultur zu den ärmsten Nationen der Welt, und Timbuktu ist nach wie vor bekannt als das »Ende der Welt« und die »mysteriöse Stadt der 333 Heiligen«, es wurde aber kürzlich auch gefeiert als die »islamische Kulturhauptstadt Afrikas« und wurde zum Symbol der Bewegung »Afrikanische Renaissance«, an deren Spitze die südafrikanische Regierung unter Präsident Thabo Mbeki steht. Die Moscheen Timbuktus gelten, wie die von Djenné, als Weltkulturerbe.

Timbuktus Wirtschaft lebt heute hauptsächlich von Abenteuerurlaubern, die dorthin reisen, um sagen zu können, dass sie dort waren – und um die Türen, Dünen, Moscheen und – seit Neuestem – die Handschriften zu besichtigen. Obwohl Salz mittlerweile meist mit Lastwagen transportiert wird, ist Mali einer der wenigen Orte, an denen man noch die großen Salzkarawanen sehen kann, und es ist ein großes Ereignis, wenn eine Kamelkarawane in ein Dorf oder nach Timbuktu kommt. Die Sklaverei wurde mit der französischen Kolonialisierung abgeschafft, obwohl es noch Relikte gibt: Inmitten der Medina von Timbuktu steht eine einhundertjährige wilde Dattelpalme, an der Sklaven damals an ihren Füßen festgebunden wurden. Gold

ist nach wie vor eines der Hauptexportgüter Malis, auch wenn es mittlerweile auf dem Luftweg ausgeführt wird. Immer noch sind auch Stoffe ein sehr kostbares Produkt und man legt viel Wert auf Kleidung. Die verwendeten Materialien und die Art und Weise, einen Turban zu binden, spielen eine große Rolle, wie man nach den Freitagsgebeten oder während Versammlungen anlässlich von Festen auf den Straßen sehen kann. Das moderne Timbuktu hat sich noch etwas von der Verspieltheit bewahrt, die Leo Africanus im Jahr 1506 während seines Besuchs beschrieb: »Die Bewohner Timbuktus haben ein unbeschwertes Wesen. Sie ziehen nachts zwischen 10 Uhr abends und 1 Uhr morgens in der Stadt herum, wobei sie musizieren und tanzen.«[12]

DAS AHMED-BABA-INSTITUT

Das Ahmed-Baba-Institut (IHERIAB) in Timbuktu wurde 1970 auf Initiative der UNESCO als nationales Depot und Konservierungszentrum für die Handschriften aus der Region gegründet. Heute wird seine Sammlung von nahezu 30 000 Manuskripten von einem Team aus einheimischen und internationalen Experten konserviert, katalogisiert und ausgewertet.

MALIS HANDSCHRIFTENTRADITIONEN

Von Dr. Mohamed Gallah Dicko, Direktor des Ahmed-Baba-Instituts

Die Kolonialisierung hat diesem kulturellen Erbe einen harten Schlag versetzt. Viele Handschriftensammlungen wurden verbrannt, gestohlen oder beschlagnahmt. Die Dürreperioden in der Folgezeit veranlassten darüber hinaus viele Besitzer von Handschriften, auszuwandern und die Handschriften ihren Nachbarn anzuvertrauen oder sie sogar im Sand zu vergraben, bevor sie das Land verließen.

In Westafrika und insbesondere in Mali sind immer noch viele Handschriften verborgen, die bislang weder erfasst noch katalogisiert wurden. Viele Familien in Timbuktu und im ganzen Land verbergen eifersüchtig ihre Bibliotheken und verweigern Forschern den Zugang, aus Angst, dass sich die Beschlagnahmen und Plünderungen der Kolonialzeit wiederholen könnten. Man nimmt von unserer Kultur also weithin an, dass sie größtenteils auf mündlichen Traditionen beruht.

Jedoch hat die literarische Tradition in Mali und der umliegenden Region während seiner gesamten Geschichte eine große Rolle gespielt. Sie ist ein entscheidender Bestandteil unserer Kultur.

Abgesehen von den Beständen des Ahmed-Baba-Instituts sind die Handschriftensammlungen hauptsächlich in Privatbesitz, da sie meist über Generationen hinweg vom Vater zum Sohn weitergereicht wurden, oft mehrere Jahrhunderte lang. Nichtsdestoweniger sind diese Sammlungen auch Teil unseres nationalen Erbes an Dokumenten.

Die Bedeutung der Handschriften liegt in ihrer Zahl, in der Qualität ihres Inhalts und in der Verbundenheit ihrer Besitzer mit ihnen als einem ererbten Wissensschatz, der ihnen von ihren Vorfahren weitergereicht wurde, die für sie moralisch und spirituell sehr wichtig sind. Für sie sind die Handschriften ein heiliges Erbe, das sie mit Stolz erfüllt.

Dennoch gibt es bei einigen dieser Handschriften eine inhärente Schwierigkeit aufgrund ihres Inhalts. Denn sie behandeln alle Bereiche des Lebens, darunter auch historische, politische, soziale und private Ereignisse, und solche Berichte können sich manchmal auch noch nach langer Zeit nachhaltig auf die Gegenwart auswirken. So gibt es Verträge, die den Verkauf einer Person zu einem bestimmten Preis belegen, diese also eindeutig dem Sklavenstand zuordnen, während die Nachfahren heute behaupten, der Betreffende habe dem Adel seiner Zeit angehört. Es liegt in der Natur der Geschichte, dass man sich nur an die guten, aber nicht an die schlechten Zeiten erinnert. Einige dieser Handschriften können die Struktur unserer gegenwärtigen Gesellschaft stärken, aber auch stören. Gewisse Handschriften können Menschen kompromittieren, die in der heutigen sozialen Hierarchie weit oben stehen, indem sie über unglückliche Ereignisse oder über Demütigungen berichten, die ihren Vorfahren auferlegt wurden. Es gibt Handschriften, die belegen, dass eine Familie in der Schuld einer anderen steht oder dass ein Vermögenswert – ein Stück Land oder ein Haus – unrechtmäßig erworben wurde. Deswegen sind die Handschriften zwar eine Quelle gerechtfertigten Stolzes für Timbuktu und Mali, aber sie sind genauso oft ein eifersüchtig bewachter Schatz.

UNTEN Singende und musizierende Mädchen während einer Hochzeitsfeier in Timbuktu

I Ort des Geschehens

SEITE 17 Eine simple Ledersandale auf dem glühend heißen Wüstensand erinnert an die Strapazen einer traditionellen Wüstendurchquerung zu Fuß oder auf dem Rücken eines Kamels. Die Reise von Zagora im nördlichen Marokko bis nach Timbuktu dauerte 52 Tage. Eine Pilgerfahrt nach Mekka erstreckte sich über Monate oder Jahre und erforderte eine gute körperliche Konstitution ebenso wie erhebliche finanzielle Ressourcen.

RECHTS Nomade mit seiner Herde am Stadtrand von Timbuktu. Die erste Siedlung an dieser Stelle wurde um das Jahr 1100 n. Chr. von Nomaden gegründet, die hier im Sommer lagerten, um ihre Herden an den Flussufern zu weiden.

SEITE 20/21 Die freiliegenden Wurzeln des Baumes links zeugen von der Wechselhaftigkeit des Wüstenklimas und den beständigen Veränderungen im Flusslauf des Niger. Solche Schwankungen haben die Region um Timbuktu jahrhundertelang beeinflusst.

SEITE 22/23 Jungen spielen am Stadtrand von Timbuktu, das von Wüstendünen umgeben ist.

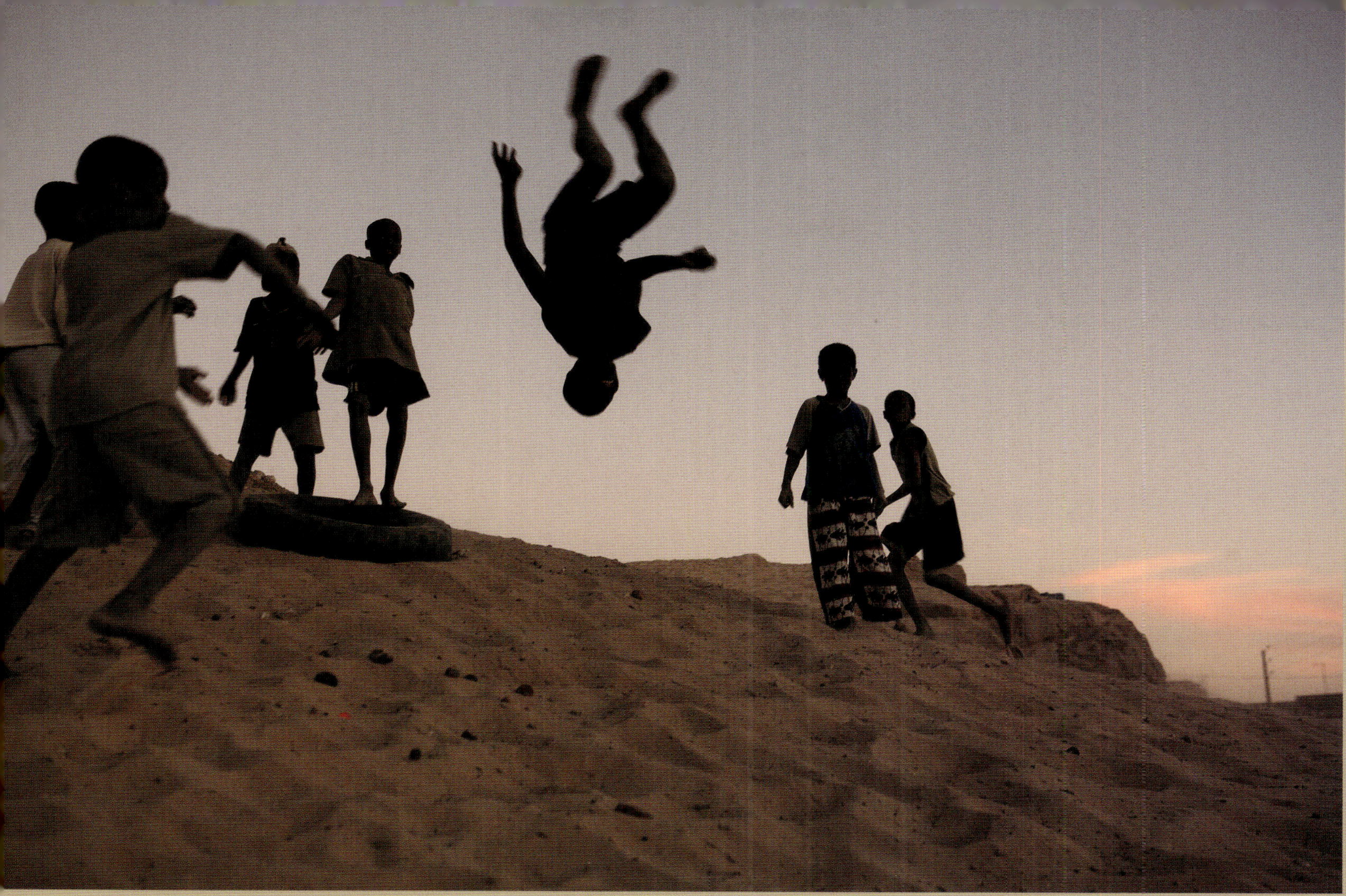

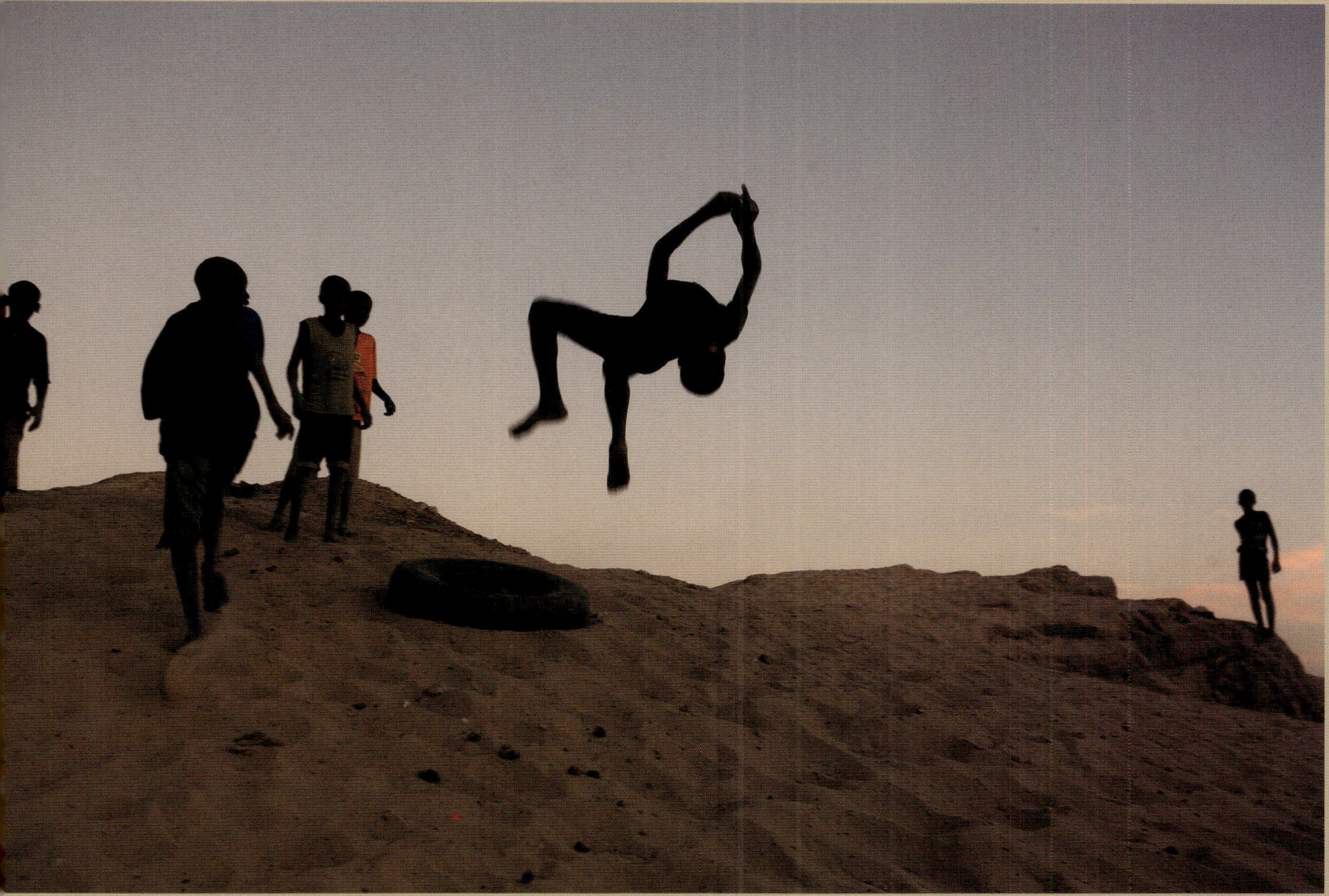

OBEN Timbuktus Sankoré-Moschee, die im 14. Jahrhundert von einer Angehörigen der Aghlal, einem religiösen Tuareg-Stamm, errichtet wurde. Das Sankoré-Viertel im Nordosten der Stadt wurde zum bevorzugten Wohnort von Gelehrten und Lehrern. In deren Häusern entstanden die Bibliotheken.

RECHTS Die Djinger-ber-Moschee (»Große Moschee«) in Timbuktu wurde 1335 unter der Leitung des andalusischen Dichters und Architekten Abu Ishaq Ibrahim al-Sahili erbaut, der den malischen Herrscher Mansa Musa auf seinem Rückweg von Mekka begleitet hatte.

SEITE 26/27 Die Große Moschee von Djenné gilt als das größte
Lehmgebäude der Welt. Sie wurde 1907 während der französischen Kolonialzeit errichtet, nachdem eine ältere Moschee,
die zuvor an dieser Stelle gestanden hatte, 1834 auf Anordnung
des islamischen Führers Amadu Hammadi Bubu dem Verfall
preisgegeben bzw. zerstört worden war. Djenné und Timbuktu
sind Partnerstädte, die seit tausend Jahren miteinander als
Handels- und islamische Bildungszentren konkurrieren.

LINKS Ein Baobabbaum (Affenbrotbaum), der typisch für
die Gegend um Ségou ist, das südwestlich von Timbuktu
und flussaufwärts am Niger liegt. Ségou war die Hauptstadt
des Königreiches der Bambara, eines der verschiedenen Völker, die Timbuktu im Verlauf seiner langen Geschichte tri-
butpflichtig machten.

OBEN Eine Straße in Timbuktu bei Sonnenuntergang.
Die Stadt hat heute circa 30 000 Einwohner, aber die Zahl
schwankt von Jahr zu Jahr und sogar saisonal aufgrund
verschiedener Ereignisse: Der Ankunft einer Karawane,
eines religiösen Festes, der Tourismussaison, Konflikten
oder einer Dürre.

OBEN UND RECHTS Pirogen auf dem Niger. Eine Piroge ist ein flaches, kanuähnliches Boot, das mit Paddeln oder einem Staken bewegt werden kann, manchmal aber auch mit einem Segel oder sogar einem Motor ausgerüstet ist. Es wird hauptsächlich für den Transport, zum Fischen und – früher – für die Nilpferdjagd eingesetzt. Die Kontrolle über die Bootsführer und ihre Pirogen zu gewinnen und langfristig zu erhalten, war in diesem Gebiet einst Grundvoraussetzung für den Aufbau eines Reiches.

LINKS Ein Silberschmied vom Volk der Tuareg bei der Arbeit in Timbuktu. Die Tuareg sind berühmt für ihre Fertigkeiten im Kunsthandwerk und für die Schönheit ihrer Werke, insbesondere für ihren Schmuck und ihre Silberarbeiten.

UNTEN Kabara, der Hafen von Timbuktu, der circa 12 Kilometer südlich der Stadt liegt

1 WO DAS KAMEL DAS KANU TRIFFT

»Das Salz kommt aus dem Norden, das Gold aus dem Süden und das Geld aus dem Land der Weißen, aber das Wort Gottes, Gelehrsamkeit und wundervolle Geschichten findet man nur in Timbuktu.«

Westafrikanisches Sprichwort

Wüstendünen am Rand von
Timbuktu. Die weiten Wüstengebiete
von Nordmali, die sich vom Niger bis zu
den Salzminen von Taghaza erstrecken
und im Nordosten bis zur heutigen
Grenze zu Mauretanien, werden Azawad genannt. Der Forscher Heinrich
Barth erklärte 1853, dass »das Gebiet
Azawad, obwohl es uns als ein sehr
unfruchtbares Stück Land erscheinen
muss, ... für den umherziehenden mau-
rischen Araber, der in diesem Klima
geboren wurde, eine Art Paradies ist.
Denn in den klimatisch begünstigteren
Orten dieses Landstrichs findet er reichlich Futter für seine Kamele und sogar
für ein paar Rinder, während er mit dem
Transport von Salz von Taoudenite nach
Arawan und Timbuktu genug verdient,
um sich Korn und andere Dinge, die er
braucht, kaufen zu können.«[1]

Die Stadt Timbuktu liegt an jener Stelle, an der die Sahara auf die große
nördliche Biegung des Niger trifft, die auch Nigerbogen genannt wird. Seine Lage machte Timbuktu zu einem Treffpunkt sesshafter afrikanischer
Stämme, nomadischer Berber und Araber. Der Mittlere Niger ist für Westafrika, was das Niltal für Ägypten ist: eine ökologische Lebensader und ein
kulturelles Zentrum. Der breite Strom mit seinem Überschwemmungs-
gebiet erlaubte eine relativ dichte Besiedlung entlang eines langen Ab-
schnitts mit gut bewässerten Böden. Er ermöglichte auch die Kommunikation in der gesamten Region und verband die Wüstenstaaten und
Nordafrika mit den Savannen und Wäldern im Süden. Bereits früh wurde
Timbuktu so zu einem Handelszentrum.

Die jahrtausendelange Geschäftigkeit der Menschen im Nigerbogen
hat an vielen archäologischen Stätten ihre Spuren hinterlassen. Der Fluss
bildete für Volksstämme, die unter der zunehmenden Austrocknung der
Sahara nach dem Jahr 5000 v. Chr. zu leiden hatten, eine natürliche Zuflucht. Der früheste Beweis einer Urbanisierung in der Region datiert aus
dem Jahr 250 v. Chr.: Archäologische Forschungen in Djenné südlich von
Timbuktu erbrachten in den 1970er- und 1980er-Jahren Relikte einer kom-
plexen Gesellschaft in einem beachtlichen regionalen Zentrum.

Klimatisch gesehen, war das erste Jahrtausend n. Chr. für diesen Teil der
Welt eine relativ freundliche Periode, in der vermehrte Regenfälle üppige
Wälder als Brennstofflieferanten für eine Eisenindustrie wachsen ließen.
Zu dieser Zeit florierte das Reich von Ghana im heutigen südlichen Mauretanien und dehnte sich bis ins nordwestliche Mali aus. Seit circa 1100 n. Chr.
gehen die Niederschläge in der westafrikanischen Sahelzone zurück – mit
signifikanten Abweichungen, die immer wieder die Existenz ihrer Bewohner bedrohen. Timbuktu hat einen jährlichen Niederschlag von durchschnittlich 231 Millimeter, was aber von Jahr zu Jahr erheblich variiert. In
der wärmsten Zeit des Jahres, von April bis Juni, ist es in Timbuktu glühend heiß, mit Tageshöchsttemperaturen zwischen 41 °C und 43,5 °C.[2]

Unter solch unwirtlichen Bedingungen ist der Fluss tatsächlich eine Lebensader. Jährliches Hochwasser lässt ein riesiges Binnendelta entstehen, das sich bis zu 500 Kilometer stromaufwärts von Timbuktu und auf bis zu 250 Kilometer Breite erstrecken kann. Wenn das Wasser sinkt, bleiben feuchte Böden für die Landwirtschaft zurück, die durch Flussarme und Seen bewässert werden. In dieser »Kornkammer« können Getreide und Gemüse angebaut und Vieh geweidet werden.

Timbuktu entstand zu Beginn des 12. Jahrhunderts als Siedlung für Nomaden der südlichen Sahara, die während der Trockenzeit nahe dem Fluss ihr Lager aufschlugen und während der Regenzeit ihr Vieh landeinwärts grasen ließen. Ursprünglich wurde es einige Kilometer vom Fluss entfernt gegründet, um dessen Feuchtigkeit und durch das Wasser übertragene Krankheiten zu meiden. Wenn die Nomaden ins Inland zogen, ließen sie ihr Hab und Gut bei ihren Sklaven, von denen eine Dienerin – wie erzählt wird – Buktu geheißen haben soll, daher der Name Tim Buktu, was »der Brunnen von Buktu« heißt.[3] Bei diesen Nomaden handelte es sich um Sanhaja, höchstwahrscheinlich Angehörige der Massufa. Die Sanhaja hatten 600 Jahre lang einen hohen Anteil an der Bevölkerung von Timbuktu.

Es scheint, als sei Timbuktu im 12. und wohl auch noch im 13. Jahrhundert nur von wenigen Menschen dauerhaft besiedelt gewesen. Aber als dieser Ort nach und nach auch sesshafte Siedler anlockte und Handelsbeziehungen zwischen Timbuktu und den Oasen in der Sahara geknüpft wurden, gewann die Stadt für die Menschen aus Nordafrika und aus den Oasen an Attraktivität und seine Bevölkerung wuchs erheblich.[4]

QUELLEN WESTAFRIKANISCHER FRÜHGESCHICHTE

Eine lokale Tradition der Geschichtsschreibung tauchte in Timbuktu erstmals im 16. Jahrhundert mit den Werken von Ahmed Baba und später mit den großen Chroniken von Timbuktu auf, dem *Tarikh al-Sudan* und dem *Tarikh al-Fattash*, die beide Mitte des 17. Jahrhunderts vollendet wurden.

OBEN Friedhof am Rand von Timbuktu. Der örtlichen Legendentradition nach ist Timbuktu von 333 bekannten sowie von zahlreichen weniger bedeutenden Heiligen umgeben und wird von ihnen beschützt. In der Sufitradition ist ein *Wali* oder ein Heiliger ein muslimischer Mystiker – üblicherweise ein Gelehrter, der Gott so nahe steht, dass er über besondere Gaben oder *Baraka* verfügt.

VON LINKS NACH RECHTS Ein Hirte, ein Wüstenzelt, ein Nomade, der Holz für den Nachmittagstee sammelt, und ein Rind. Das Leben in der Wüste ist immer noch sehr hart und erfordert nach wie vor genaue Kenntnisse der traditionellen Überlebenskunst sowie eine genaue Kenntnis des Terrains.

Die einzigen schriftlichen Quellen zur Geschichte Westafrikas vor dieser Zeit stammen von mittelalterlichen arabischen Autoren aus Nordafrika, Andalusien und Ägypten. Solche Texte haben viele Schwächen, fehlt es ihren Autoren doch meist an eigenem Wissen über Westafrika. Sie lassen rassistische Ressentiments gegenüber den schwarzen Afrikanern erkennen, die aus der damals in der arabischen Welt vorherrschenden Begriffsverbindung zwischen dunkler Hautfarbe und Versklavung resultierten. Ihr geografisches Wissen war mangelhaft. Sie hielten den Niger für den Nil, da sie annahmen, beide Flüsse hätten dieselbe Quelle. Sie hatten aber nichtsdestoweniger Zugang zu Informationen aus erster Hand. Denn einige arabische Muslime durchquerten die Sahara und besuchten Westafrika, vermutlich um Handel zu treiben.

Vier Autoren profitierten von den Berichten, die sie von den Besuchern dieser Region sammelten oder von Westafrikanern, die die arabische Welt bereisten. Einer von ihnen, al-Bakri, lebte in Andalusien und trug Informationen von andalusischen und nordafrikanischen Kaufleuten zusammen, die durch die Sahara bis zum heutigen Mauretanien gereist waren. Dazu gehört auch eine wertvolle Schilderung des alten Ghana aus dem Jahr 1068. Wenig später, 1154, schrieb der Geograf al-Idrisi über die Gegenden Westafrikas, vom heutigen Senegal bis zum Tschadsee.

Der syrische Historiker al-Umari verfasste im frühen 14. Jahrhundert eine Enzyklopädie für Verwaltungsbedienstete, in der er auch das Mali-Reich beschreibt, das während des 13. Jahrhunderts die Region beherrschte. Ibn Chaldun, der große nordafrikanische Philosoph und Historiker, der 1406 starb, gibt in seiner umfassenden Geschichte der islamischen Kultur einen dynastischen Überblick über das Mali-Reich.

Wichtig ist auch der Bericht des großen marokkanischen Weltreisenden Ibn Battuta aus dem 14. Jahrhundert, der nicht nur den Mittleren Osten und China bereiste und darüber schrieb, sondern in den Jahren 1352/53 auch das alte Mali und den Mittleren Niger besuchte und diese

Regionen aus der Sicht eines Touristen beschrieb. Er verweilte sechs Monate beim Herrscher des Mali-Reichs, Mansa Sulayman, und machte sich dann auf zum Mittleren Niger und nach Timbuktu. Er berichtet auch über seine Heimreise, auf der er eine Karawane begleitete, die 600 Sklavinnen durch die Wüste nach Marokko brachte.[5]

Ein weiterer Nordafrikaner, der in den 1490er-Jahren Westafrika bereiste, war al-Maghili, der aus Tlemcen nahe der Mittelmeerküste stammte. Er verbrachte zunächst einige Zeit in der Oase von Tuwat im heutigen Algerien, durchquerte dann die Sahara und lehrte in Takedda, Kano und Katsina. Von dort begab er sich nach Gao, wo er als Berater des Herrschers von Songhai, Askiya Muhammad, wirkte. Kurz danach besuchte Leo Africanus, ein Moslem spanischen Ursprungs, dessen Eltern nach Fez gezogen waren, das Songhai-Reich.[6] Er reiste im frühen 16. Jahrhundert durch ganz Nordafrika und zweimal durch Westafrika. Nachdem er anlässlich einer Pilgerfahrt nach Mekka Ägypten kennengelernt hatte, wurde er 1518 auf seiner Rückreise nach Marokko von sizilianischen Piraten gefangen genommen. Sie brachten ihn nach Rom, wo sie ihn Papst Leo X. als Sklaven anboten. Der taufte ihn auf den Namen Johannis Leo de Medicis. Er blieb eine Zeit lang in Rom und schrieb ein Buch, das 1550 auf Italienisch unter dem Titel *Discrittione dell' Africa* (Beschreibung Afrikas) veröffentlicht wurde und auch ein Kapitel über Timbuktu enthielt.

DIE BEWOHNER DES NIGERBOGENS

Die ethnische Zusammensetzung des Gebiets um den Nigerbogen ist heute sehr komplex und ein Erbe der reichen und turbulenten Vergangenheit dieser Region. Seine Bevölkerung kann in drei Hauptgruppen unterteilt werden, die über die Zeit hinweg relativ konstant blieben. Entlang der Wüstenränder leben nomadische Hirten, näher am Fluss eine sesshafte Bevölkerung, die jagt, Ackerbau betreibt und sich zum Teil am interregionalen Handel beteiligt. Entlang des Flusses Niger und der Seen schließlich leben

OBEN Tuareg-Nomaden auf Kamelen. Die Tuareg sind als »Herrscher der Wüste« bekannt und schützten – oder überfielen – als solche traditionellerweise die großen Kamelkarawanen, die die Wüste durchquerten. Sie übernahmen auch mehrere Male die Kontrolle über Timbuktu, wenn die Herrscher der Stadt Schwächen zeigten und ein politisches Vakuum hinterließen.

Menschen, die fischen, Nilpferde jagen und den Transport von Menschen und Waren über das Wasser sicherstellen.

Um das Jahr 1000 gehörten die nomadischen Hirten hauptsächlich zu den Sanhaja und anderen Bergbergruppen, die von der Kamel- und Schafzucht, Ferntransporten, Überfällen und Erpressung lebten. Bis 1600 wurden sie im Westen von den Hassaniyya-Arabern, die aus Südmarokko durch die westliche Sahara gekommen waren, und im Osten von aus nordöstlicher Richtung einwandernden Tuareg zurückgedrängt. Die Herkunft der Tuareg ist unklar. Die frühesten sicheren Nachweise finden sich in Libyen, von wo aus sie sich nach Süden und Westen wandten. Sie besetzten die Gebirgsmassive des Adrar des Iforas in Mali, des Air-Gebirges in Niger und des Hoggar-Gebirges in Algerien. Heute sind sie als »Herrscher der Wüste« bekannt. Ihre Gesellschaft war traditionell in vier hierarchische Gruppen unterteilt: Krieger, Gelehrte, Handwerker und Sklaven. Zwar ist die Sklaverei seit Langem abgeschafft, aber immer noch halten sich Relikte des alten Systems. Die Tuareg bezeichnen sich selbst als »Kel Tamashek«, Sprecher der Tamashek-Sprache.[7] Ihre Frauen waren nach der Beschreibung die »wunderschönsten Frauen und von anziehendster Erscheinung, sehr weiß und drall«.[8]

Die Tuareg sind hauptsächlich für ihre Krieger und ihre Handwerker bekannt. Von ihren Gelehrten, die in Tamashek *Ineslemen* genannt werden, weiß man dagegen weniger. Tatsächlich scheinen die Tuareg aber die Ersten in der Gegend gewesen zu sein, die eine schriftliche Kultur entwickelten. Ihr Alphabet – *Tifinagh* –, das man oft eingemeißelt in Felsen in der Wüste findet, wurde wahrscheinlich sogar schon Ende der Jungsteinzeit entwickelt.[9] Einige Tuareg benutzen es heute noch für ihre Korrespondenz, und es wurde sogar an die Kommunikation im Internet angepasst.

Nordwestlich von Timbuktu lebten Hassaniyya sprechende Araber, die das Gebiet des Nigerbogens mit dem des marokkanischen Sultanats verbanden. Auch diese Gesellschaft war in eine Hierarchie aus Kriegern,

Priestern, Tributpflichtigen, Sklaven und Handwerkern unterteilt. Ihre Gelehrten im benachbarten Wadan und Walata tauschten sich viel mit den gelehrten Eliten von Timbuktu aus.

Im Süden – am Mittleren Niger – war noch ein anderes nomadisierendes Hirtenvolk zu finden: die Fulbe oder Fulani, Rinderhirten, die im 11. Jahrhundert vom Rand der südlichen Sahara hinunter ins Nigerdelta des Binnenlandes zogen.[10] Während Nachfahren dieser Fulbe auch heute noch in diesem Gebiet ihre Herden hüten, haben sich andere Gruppen südwestlich bis nach Futa Toro (im Flusstal des Senegal) und Futa Jallon (im Hochland von Guinea) verstreut, wo sie Tukulor genannt werden.[11] Andere Gruppen zogen ostwärts bis zum heutigen Nordnigeria, dem Tschad und Darfur.

Die Songhai sind ein sesshaftes Volk, das Ackerbau und Handel betreibt. Ursprünglich kommen sie aus dem Dendi-Gebiet in der Nähe der heutigen Grenze zwischen Niger und Benin. Vor dem Jahr 1000 zogen sie nach Norden, machten Gao zu ihrer Hauptstadt und lebten an den Flussabschnitten des Nigerbogens. Während der Epoche des Songhai-Reiches im 15. und 16. Jahrhundert erreichte die islamische Wissenschaft in Timbuktu ihren Höhepunkt. Viele der Gelehrten in Timbuktu waren Songhai, darunter auch Abd al-Rahman al-Sadi, der Autor des *Tarikh al-Sudan*.

Bozo und Sorko sind Fischervölker. Die Sorko bewohnten als eine der ersten die Region des Mittleren Niger und in ihrer traditionellen Rolle als Bootsführer wurden sie zu »Herren des Wassers«. Weiter im Süden befanden sich die Mande-Stämme, von denen viele vom Handel lebten, inklusive der Soninke, Malinke, Bambara und Wangara.

Der Umstand, dass die ethnischen Gruppen im Gebiet des Mittleren Niger sich zu einem großen Teil hinsichtlich ihrer Tätigkeit und ihrer Anpassung an die Umgebung klar unterschieden, führte zu einem prekären und instabilen Geflecht aus Abhängigkeiten, Kooperationen, Allianzen und Konflikten.[12] Die meisten dieser Stämme konnten zu irgendeinem

OBEN Pirogen mit der Flagge Malis auf dem Niger. So wie die Tuareg als »Herrscher der Wüste« galten, war der Sorko-Stamm – Fischer und Nilpferdjäger – als »Herr des Wassers« bekannt. Die Sorko beherrschten den Niger, die große Lebensader des Songhai-Reiches und seiner Nachfolgerstaaten.

RECHTS Tuareg-Nomaden mit Kamelen. Die Tuareg nennen sich selbst »Kel Tamashek« oder »die die Tamashek-Sprache sprechen«. Den Begriff »Tuareg« verwenden nur Außenstehende. Die Tuareg waren ursprünglich Berber, deren Wirtschaft auf der Zucht von Rindern, Kamelen und Ziegen basierte und die die großen Handelskarawanen auf dem Weg durch die Wüste sicherten.

Zeitpunkt eine Hegemonie in der Region errichten: die Soninke im alten Ghana, die Malinke während des Mali-Reiches, die Songhai während des Songhai-Imperiums und danach die Bambara von Ségou, die Fulbe von Masina, die Kunta von Arawan, die Tukulor während der Herrschaft von Omar Tall und die Tuareg, die sich immer dann an die Macht drängten, wenn sich ein politisches Vakuum auftat.

DIE AUSBREITUNG DES ISLAM

Von seinen frühesten Tagen als zeitweise genutztes Lager an war Timbuktu eine islamische Siedlung. Der Islam erreichte den afrikanischen Kontinent vor ungefähr 1400 Jahren. Die ersten Muslime, die afrikanischen Boden betraten, suchten um das Jahr 615 n. Chr. Zuflucht im christlichen Äthiopien. Nur ein Vierteljahrhundert später drängten viele weitere muslimische Araber während der großen Eroberungs- und Expansionsbewegung nach Ägypten. Ende des 7. Jahrhunderts hatten sie alle Gebiete Nordafrikas bis 240 Kilometer südlich der Mittelmeerküste unterworfen – vom Roten Meer bis zum Atlantik. Trotz einiger Vorstöße in die Sahara wurden dort keine Eroberungen gemacht. Stattdessen richtete sich die islamische Eroberungspolitik gegen die Iberische Halbinsel. Nach einigen Jahrzehnten wurde in allen eroberten Gebieten Arabisch gesprochen und der Islam nach und nach von den Menschen übernommen.

Obwohl die arabischen Eroberer auf ihrem Weg durch Nordafrika nie unmittelbar versucht hatten, in die Sahara vorzudringen oder sie zu durchqueren, kamen einige der Nomadenvölker in der Wüste und einige der schwarzen afrikanischen Königreiche entlang der südlichen Grenze zu Nordafrika in Kontakt mit dem Islam. Dies geschah nicht durch Eroberung, sondern durch die muslimischen Händler, die sich vorrangig für das Gold interessierten, das in Teilen von Westafrika abgebaut wurde und zu einem großen Teil aus einem Gebiet im heutigen Mali stammte. Ende des 11. Jahrhunderts waren eine Reihe afrikanischer Herrscher in dieser Re-

OBEN Anders als in vielen muslimischen Gesellschaften sind es bei den Tuareg die Männer, die das Gesicht verschleiern, nicht die Frauen. Wegen ihrer Vorliebe für Indigo und da die mit Indigo gefärbten Gewänder und Turbane auf ihre Haut abfärben, werden sie auch »die blauen Menschen« genannt.

gion Muslime, ebenso die meisten Berberstämme der westlichen Sahara. Mitte des 11. Jahrhunderts gewann unter den Sanhaja-Nomaden der westlichen Sahara die militante islamische Bewegung der Almoraviden an Einfluss. Die Sanhaja waren ursprünglich aus dem Süden Arabiens quer durch Nordafrika bis zur Atlantikküste des heutigen Mauretanien gezogen. In der zweiten Hälfte des 11. Jahrhunderts destabilisierten Teile der Almoraviden-Bewegung das alte Ghana, eroberten und vereinten dann Marokko und die arabischen Gebiete auf der Iberischen Halbinsel. Eine andere Gruppe der Sanhaja, die Massufa, wandten sich nach Süden, zuerst dem heutigen Walata in Mauretanien zu und dann – auf der Suche nach Weidegründen und Wasser für ihre Kamele – in Richtung auf den Niger. Dort gründeten sie das Lager, das später einmal die Stadt Timbuktu wurde.

Afrikaner, die zum Islam konvertierten, lernten bald Arabisch, damit sie den Koran lesen und seine Verse in den fünf täglichen Gebeten korrekt wiedergeben konnten. Auch wenn das Arabische nicht – wie in Nordafrika oder dem Mittleren Osten – zur Landessprache wurde, übernahmen es viele Afrikaner südlich der Sahara als Schriftsprache. Tatsächlich kann es fast als das »Latein Afrikas« bezeichnet werden, da es im Afrika südlich von Maghreb und Ägypten während der letzten tausend Jahre eine ähnliche Rolle gespielt hat wie das Lateinische im mittelalterlichen Europa. Wie die Verbreitung der Lese- und Schreibfähigkeit auf Latein eng mit der des Christentums verknüpft war und viele Europäer die lateinische Schrift für ihre eigene Sprache übernahmen, nutzten einige afrikanische Völker die arabische Schrift, um in ihrer Sprache zu schreiben.

Die dynamischste und populärste Kraft, die dem Islam den Weg bahnte, war der Sufismus oder der Mystizismus der Sufi-Bruderschaften und -Orden. Zwei dieser Sufi-Orden – oder auch *Tariqas* – übten in Westafrika einen starken spirituellen Einfluss aus. Die erste war die Qadiriyya-Bruderschaft, die im Bagdad des 12. Jahrhunderts aus den Lehren des Abd al-Qadir al-Dschilani (1077–1166) hervorging und später in Nordafrika ebenso wie

OBEN Traditionelle Lederarbeiten der Tuareg, verziert mit Quasten, und einfache Ledersandalen

von Stämmen der Sahara wie den Kunta übernommen wurde. Eine zweite *Tariqa*, die Tijaniyya, gewann im 19. Jahrhundert gegenüber der Qadiriyya die Überhand, wenn auch nicht unter den Kunta. Ihr Gründer, Ahmed al-Tijani (1737–1815), wurde in der algerischen Oase 'Ayn Madi geboren und übersiedelte später nach Fez in Marokko. Seine Lehren wurden vom Stamm der Idaw 'Ali im heutigen Südmauretanien angenommen und dann von Omar Tall in Futa Jallon, der weite Teile des heutigen Mali eroberte, in Guinea propagiert. Viele Westafrikaner übernahmen im 20. Jahrhundert die Tijaniyya- *Tariqa*. Seit der zweiten Hälfte des 20. Jahrhunderts aber widersetzten sich Afrikaner, die unter den Einfluss der Wahhabiyya-Bewegung geraten waren, den Sufi-*Tariqas*, insbesondere der Tijaniyya. Die Wahhabiyya ist die offizielle Doktrin in Saudi-Arabien und beinhaltet eine strikte, wörtliche Auslegung des Korans. Die Wahhabiten lehnen viele Sufi-Praktiken ab, vor allem die Verehrung von Heiligen (*Wali*).

HANDEL QUER DURCH DIE SAHARA

Die Bewohner von Timbuktu waren immer schon auf den Handel angewiesen, um sich mit den täglichen Gebrauchsgütern zu versorgen. Alle ethnischen Gruppen trieben Handel, und die Gewinne aus dem Transsahara-Handel ließen Timbuktu aufblühen. Wer die Handelsrouten kontrollierte, herrschte auch über die Transportmittel. Die Tuareg und andere Nomaden beschützten (oder überfielen) Handelskarawanen. Es war überlebenswichtig, sie bei einer Sahara-Durchquerung auf seiner Seite zu haben. Die Sorko beherrschten die Lebensader der aufeinanderfolgenden Königreiche der Region – den Niger. Während des Songhai-Reiches wurden sie als sozial untergeordnet angesehen. Sie waren Eigentum des Königs oder des *Askiya*, was heißt, dass sie ihm blind gehorchen und dienen mussten.

Die Sahara zu durchqueren, war gefährlich, teuer und verlangte eine intensive Vorbereitung, inklusive der Versendung von Nachrichten. Ibn Battuta beschreibt, wie er auf seinem Weg durch die Sahara nach Tim-

buktu einen Führer[13] für 100 Mithqal Gold anheuerte – ein Sklave kostete in Timbuktu etwa 80 Mithqal. Der Führer wurde mit einem Brief an Freunde in die nächste Stadt vorausgeschickt, um Vorbereitungen für die Ankunft des Reisenden zu treffen sowie Schutz für die Reise und Wasser zu erbitten. Wenn der Bote nicht ankam, konnte das für die gesamte Karawane lebensgefährlich werden.[14] Eine kleine Karawane bestand aus ungefähr 80, größere aus bis zu 3000 Kamelen.[15] Zwei Kamele kosteten circa 37 Mithqal.[16] Am Ziel der Reise wartete eine Flotte von Booten im Hafen von Kabara, 20 Kilometer südlich von Timbuktu, nachdem sie Waren für den Norden ausgeladen hatten. Leo Africanus beschreibt 1506 das Treiben im Hafen: »Kabara ist eine große Stadt ... zwölf Meilen von Timbuktu entfernt, am Niger. Hier laden Kaufleute Waren auf, um sie nach Djenné und Mali zu bringen ... Man findet hier Schwarze verschiedener Herkunft, da sie aus verschiedenen Regionen mit ihren Kanus zum Hafen kommen.«[17] Der *Tarikh al-Fattash* verzeichnet zur Zeit des Songhai-Reiches eine Flotte von 400 großen Booten, dazu 1000 große und 600 kleine Einbäume.[18]

Vielfältigste Waren wurden nach Norden transportiert: Sklaven, Elfenbein, Getreide, Ziegenhäute, Straußenfedern und Kolanüsse sowie andere tropische Produkte. Zweifellos aber war die Gier nach Gold das eigentliche Motiv für nordafrikanische Kaufleute, eine Sahara-Durchquerung auf sich zu nehmen. Goldstaub wurde aus Bambuk, einer Region zwischen zwei Nebenflüssen des Senegal, bezogen und später aus Buru, das an Nebenarmen des Oberen Niger lag. Seit dem späten 14. Jahrhundert kamen die muslimischen Händler auch an das Gold, das in den Waldgebieten der Akan im heutigen Ghana gefördert wurde. Sie brachten es bis nach Djenné und dann nach Walata oder Timbuktu.

Um den »stillen Handel« und die »Goldpflanze« rankten sich zahllose Mythen. Al-Umari wurde folgende Geschichte erzählt: »[Die Goldpflanze] existiert in zwei Formen. Eine kann im Frühling gefunden werden und blüht nach dem Regen auf dem offenen Land. Sie hat Blätter wie das *Najil-*

OBEN Ein Straßenmarkt und ein Laden in Timbuktu. Die Bewohner der Stadt waren immer auf den Handel angewiesen, und alle ethnischen Gruppen sind auf die ein oder andere Art und Weise mit dem Handel befasst. Historisch gesehen aber erlangte die Stadt ihre Größe durch die Gewinne aus dem Transsahara-Handel. Timbuktu war ein strategischer Knotenpunkt in den wirtschaftlichen Netzwerken Westafrikas, die sich von den Goldfeldern Ghanas und Guineas bis ans Mittelmeer und darüber hinaus erstreckten.

Der Hafen von Mopti südlich von Timbuktu. Mopti ist heute ein florierendes Handelszentrum, das strategisch günstig zwischen dem nördlichen und dem südlichen Mali liegt. Sein Hafen lässt ahnen, wie Kabara, der Hafen von Timbuktu, in der Blütezeit des Transsahara-Handels ausgesehen haben mag.

Gras und Wurzeln aus Gold. Die andere Art kann das ganze Jahr über an den Ufern des Nils (Niger) gefunden und ausgegraben werden.«[19]

Nach frühen arabischen Quellen aus dem 10. Jahrhundert wurde der direkte Kontakt zwischen Goldhändlern aus dem Süden Westafrikas und den Kaufleuten aus dem Norden sorgfältig vermieden, um die Fundorte geheim zu halten: »Sie handeln mit ihnen, ohne sie zu sehen oder mit ihnen zu sprechen. Sie hinterlassen ihre Güter, und am nächsten Morgen finden sie Goldbarren neben jeder Ware. Wenn der Besitzer der Handelsgüter möchte, nimmt er das Gold und lässt die Waren zurück, oder er nimmt seine Waren wieder mit und lässt das Gold liegen.«[20]

Gold war bei den Händlern in Nordafrika sehr gefragt, vor allem im heutigen Marokko und Algerien. Es wurde aber auch nach Europa gebracht. Fast zwei Drittel des weltweiten Goldbestandes im späten Mittelalter könnten aus Westafrika gekommen sein.[21] Das wichtigste Produkt, das gegen Gold eingetauscht wurde, war Steinsalz, das man in Gruben in der Zentralsahara abbaute. Der syrische Historiker al-Umari, der im Ägypten des frühen 14. Jahrhunderts schrieb, berichtete, dass die Westafrikaner »einen Becher Goldstaub gegen einen Becher Salz eintauschen würden«.[22] In der Sahara gab es so viel Salz wie weiter südlich Gold. Obwohl verschiedene Mächte versuchten, die Salzabbaugebiete zu erobern, wurden die Minen von Nomaden kontrolliert, die ihre Sklaven darin arbeiten ließen.[23]

Genauso wie man dachte, dass die Salzstädte der Sahara aus Salz erbaut sein müssten, rankten sich Mythen um Timbuktu, die Stadt des Goldes, die man sich als ein mit Gold gepflastertes Dorado vorstellte. Diese Sagen geisterten bis zum 19. Jahrhundert durch den Mittleren Osten und durch Europa. In Wirklichkeit kamen weder das Salz noch das Gold aus Timbuktu selbst, sie wurden dort nur umgeschlagen.

Stoffe, Porzellanschnecken, Tee und Tabak wurden ebenfalls aus anderen Teilen der Welt in den westlichen Sahel importiert. Angesichts der strengen Kleidervorschriften waren Tuche sehr wichtig, brauchte man sie

doch für die langen bestickten Roben oder *Boubous* sowie für die Kopf-
bedeckungen, die von Männern und Frauen getragen wurden. Das Schneiderhandwerk von Timbuktu sicherte auch vielen Studenten in der Stadt ihr
Auskommen. Vor Ort hergestellter Stoff wurde als Währung verwendet,
genauso wie die von den Malediven importierten Porzellanschnecken. Es
gab dafür sogar einen festen Wechselkurs zum Gold. Gemessen an der
Vielzahl an Gedichten, die sich in den Handschriften von Timbuktu über
Tee finden, muss er sehr geschätzt worden sein. Auch Tabak ist Gegen-
stand etlicher Briefe und Abhandlungen. Der Genuss von Tabak wurde in
einem Traktat von Ahmed Baba, einer der im 16. Jahrhundert geachtetsten
richterlichen Autoritäten der Region, gebilligt, nachdem er ihn weder für
ein Betäubungs- noch für ein Rauschmittel hielt.[24] Dennoch wurde das
spätere Verbot von Tabak zu einem der Hauptkonfliktpunkte zwischen den
Gotteskriegern der Fulbe und den Kunta im Timbuktu des 19. Jahrhunderts, was die Bedeutung des Tabaks in der Region verdeutlicht.

Aber die profitbringendsten Handelsgüter in Timbuktu waren nach
Leo Africanus die Bücher.[25] Er berichtet, dass der König ein bedeutendes
Lexikon für den Preis von zwei Pferden gekauft habe.[26] Bücher zu besitzen,
verlieh Prestige und war ein anerkannter Weg, Reichtum zu zeigen.
Gelehrte wie Fürsten kauften sie während ihrer Reisen oder erwarben sie
von Kaufleuten, die sie aus dem Norden mitbrachten.[27]

Deutliche geografische, saisonale und jährliche Preisfluktuationen
prägten den Handel, sodass Timbuktu oft als Depot genutzt wurde, damit
die Kaufleute ihren Profit maximieren konnten. Handelswaren waren vor
dem Durchqueren der Wüste wesentlich billiger, weil der Transport sehr
teuer war. Die Westafrikaner waren aber bekannt dafür, auch dann hohe
Preise zu bezahlen, wenn die Waren die Wüste noch nicht durchquert hatten. Al-Umari berichtet: »Kaufleute aus Kairo erzählten mir von den
Gewinnen, die sie aus dem Handel mit den Afrikanern gezogen hätten. Sie
meinten, dass einer sogar ein Hemd, einen Mantel, eine Robe oder ein

LINKS Steinsalz, das noch heute in der
Sahara gefördert und dann nach Timbuktu
und in weiter südlich gelegene Städte
gebracht wird. Heute wird das Salz meist
auf Lastwagen transportiert, aber es gibt
immer noch Kamelkarawanen. Es ist ein
großes Ereignis, wenn eine Karawane in
einer Stadt oder in einem Dorf eintrifft.

RECHTS Goldohrringe, wie sie heute von
den Fulbe-Frauen getragen werden. Über
zwei Drittel des weltweit in Umlauf befind-
lichen Goldes kamen im späten Mittelalter
wohl aus Westafrika. In Timbuktu und
anderen Handelszentren wurde es hauptsächlich gegen Salz eingetauscht – oftmals im Verhältnis eins zu eins.

LINKS Eine Frau vom Stamm der Bella, die traditionellerweise den Tuareg als Sklaven dienten.

RECHTS Ein wilder Dattelbaum, der hundert Jahre alt sein soll und in der Mitte der Medina von Timbuktu steht. Sklaven, die auf den Markt gebracht wurden, band man mit den Füßen an diesen Baum. Neben dem Handel mit Salz und Gold war der Sklavenhandel jahrhundertelang ein Hauptelement des Transsahara-Handels.

anderes Kleidungsstück für fünf Denar kaufen würde, auch wenn es nur einen wert wäre ... Sie glaubten vertrauensselig alles, was man ihnen sagte. Später aber hatten sie die schlechteste Meinung von den Ägyptern aufgrund der offensichtlichen Unrichtigkeit dessen, was sie ihnen erzählten und aufgrund der schändlichen Preise für Lebensmittel und andere Waren, die sie ihnen verkauften. Sie haben eine so schlechte Meinung, dass sie heute den gelehrtesten Doktor der Religionswissenschaft rüde behandeln, wenn er zugibt, Ägypter zu sein.«[28]

Handelssysteme hingen entscheidend von der Existenz zuverlässiger Netzwerke entlang der Handelswege zwischen Nordafrika und den Waldgebieten im Süden ab. Sie waren auch angewiesen auf die Entwicklung von Rechtssystemen, die die Geschäfte an jedem Handelspunkt regelten, sowie auf die Dokumentation praktisch jeder einzelnen Transaktion. Die folgende Korrespondenz zeigt die Komplexität der vielschichtigen Handelsaktivitäten in Timbuktu, wo Waren auf Vertrauensbasis hinterlassen, Zahlungsmittel ausgetauscht und Agenten mit Geschäften beauftragt wurden:

»Ich habe Ahmed Kawa zwei Barren Salz dagelassen, die du mir übersendet hast. Als mein Stellvertreter in Saraféré hatte er sie bei meiner Rückkehr für zwölf Riyals verkauft, da ich nicht in dieser Stadt lebe. Ich gebe diese Summe Maliki Hamma. Dieser würde gerne, zusammen mit Tat Kabara Farma, meine zwei Barren Salz nehmen, von denen du weißt ... Du kannst Samba Oumran das Geld für das Metallmesser geben. Zahl ihm, wenn möglich, das, was wir vereinbart haben.«[29]

Die Sitte, Geschenke zu machen, trug ebenfalls zum Austausch von Waren und Menschen bei. Obwohl die Reise quer durch die Sahara sehr riskant war, waren die Herrscher Westafrikas stolz auf die Gaben, die sie an die Sultane von Marokko und Ägypten sandten. Ibn Chaldun schrieb im späten 14. Jahrhundert über Sultan Abu al-Hasan, den König vom Maghreb, der Mansa Sulayman, dem Herrscher des Mali-Reiches, ein Geschenk darbrachte. Mansa Sulayman wollte seine Wertschätzung zeigen, indem er

im Gegenzug etwas Exotisches aus seinem Land schenkte. So wurde eine Giraffe von Mali durch die Sahara bis nach Fez gebracht.[30]

In Kriegszeiten wurden auch Beutestücke durch die Region transportiert. Der *Tarikh al-Sudan* berichtet, dass der Songhai-Herrscher Askiya Dawud »gegen den Feldherrn des Sultans von Mali kämpfte ... und ihn besiegte. Auf seiner Expedition heiratete er Nara, die Tochter des Sultans von Mali, und brachte sie zusammen mit einem beeindruckenden Zug aus Geschmeide, Sklaven und Sklavinnen, Möbelstücken, Haushaltswaren und -utensilien, die alle mit Blattgold überzogen waren, Wasserkrügen, Mörsern und Stößeln sowie anderen Beutestücken nach Songhai.«[31]

DER SKLAVENHANDEL

Der Sklavenhandel quer durch die Sahara gehörte zu den wichtigsten »Branchen« in der Region. Die meisten ethnischen Gruppen hatten ihre eigenen Sklaven, die lokal ge- und verkauft, nach Nordafrika und Europa exportiert oder irgendwann auch freigelassen wurden. Al-Idrisi berichtet, dass »die Bewohner der angrenzenden Länder ständig die nackten Menschen südlich des Niger mit List gefangen nehmen. Sie entführen sie in ihr eigenes Land und verkaufen sie scharenweise an die Kaufleute.«[32]

Die frühesten Zeugnisse des westafrikanischen Sklavenhandels stammen aus der Mitte des 11. Jahrhunderts, als Awdaghast im heutigen Mauretanien ein Zentrum des Sklavenhandels war. Der andalusische Geograf al-Bakri hielt fest, dass der größte Teil der Bevölkerung von Awdaghast zu dieser Zeit aus nordafrikanischen Berbern bestand. Er vermerkte aber, dass es auch schwarze Frauen gab, die – sofern sie gute Köchinnen waren – für 100 Mithqal das Stück (ungefähr 425 Gramm Gold) verkauft wurden.[33] Hübsche, hellhäutige Sklavenmädchen dienten offenbar als Konkubinen. Die nach Nordafrika gebrachten Sklaven wurden also hauptsächlich im Haus, unter anderem im Konkubinat, gehalten. Daneben setzte man Sklaven auch häufig als Soldaten ein. Im darauffolgenden Jahrhundert wurden

OBEN Vorder- und Rückseite eines Sklavendokuments aus der Mohamed-Tahar-Bibliothek. Man faltete es sehr klein zusammen und verwahrte es dann in einem Turban oder in einem um den Hals gehängten Beutel. Ein freigelassener Sklave trug ein solches Dokument stets bei sich, um seine Freilassung aus der Sklaverei jederzeit nachweisen zu können.

schwarze Sklaven durch die Sahara bis nach Marokko transportiert und dienten im Heer der Almoraviden. Dessen Mannschaftsstärke wurde gehalten, indem man Sklaven und Sklavinnen verheiratete und ihre Nachkommen von klein an auf ihre Aufgaben vorbereitete – die Jungen auf den Kriegs-, die Mädchen auf den Palastdienst. Vom 17. Jahrhundert an versorgte der Sklavenhandel durch die Sahara die osmanischen Sultane mit Eunuchen für die Bewachung des Harems, während andere in der Moschee des Propheten in Medina oder in Mekka dienten.

Die Oase von Tuwat in der nördlichen Sahara diente als Zwischenstation, wo Sklaven aus dem Süden verhört wurden, um festzustellen, ob sie nach islamischem Recht versklavt werden durften, bevor man sie in den Norden schickte. Im 16. Jahrhundert riet Ahmed Baba den Händlern, Gefangene freizulassen, die nachweisen konnten, dass sie wahre Muslime seien. In einem von Ahmed Babas Gesetzestexten unterteilt er die Länder Westafrikas in die Gebiete der Muslime und jene der »Ungläubigen«.[34] Es sei nur erlaubt, Bewohner eines »ungläubigen« Landes zu versklaven.[35] Gemäß einer der Autoritäten des islamischen Gesetzes im 14. Jahrhundert, Khalil ibn Ishaq, lag es im Ermessen des Imams, gefangen genommene Nichtmuslime zu töten, freizulassen, sie eine Abgeltung zahlen zu lassen oder sie zu versklaven. Die Freilassung eines Sklaven wurde als ein Akt der Frömmigkeit angesehen. Durchschnittlich kostete ein Sklave weniger als ein Buch und die Haltung zum Erwerb von Sklaven in Timbuktu lässt ein Brief erahnen, in dem ein Scheich einen Freigelassenen bittet, ihm ein erstklassiges *Boubou*-Gewand von einem sehr guten Schneider zu kaufen und vom verbleibenden Geld einen Sklaven für ihn zu erstehen.[36]

GHANA, DAS KÖNIGREICH DES GOLDES

Wie frühe Historiker und Reisende der arabischen Welt berichteten, war das antike Soninke-Königreich von Ghana, das westlich von Timbuktu lag, seit dem 10. Jahrhundert für seinen Goldreichtum bekannt. Goldstaub

LINKS UND OBEN Feierlichkeiten in Timbuktu zum Gedenken an das Ende des Tuareg-Aufstandes in den 1990er-Jahren. Die Bewohner Malis pflegen eine reiche Musik- und Tanztradition. Versuche von »Gotteskriegern« der Fulbe, Mitte und Ende des 19. Jahrhunderts eine strenge Auslegung des Islam zu erzwingen und unter anderem Tabak zu verbieten, Frauen von Männern zu trennen und eine vereinfachte Kleiderordnung durchzusetzen, trafen in Timbuktu auf erbitterten Widerstand.

Die Djinger-ber-Moschee oder die Große Moschee von Timbuktu. Sie ist die älteste der drei Hauptmoscheen der Stadt und stammt aus der ersten Hälfte des 14. Jahrhunderts.

wurde von den Ufern des Senegal in die Städte in der südlichen Sahara wie Awdaghast und Tadmekka gebracht, um dort gegen nordafrikanische Waren eingetauscht und nordwärts transportiert zu werden. Berichte erzählen uns, dass »[der Herrscher von] Ghana der reichste König unter der Sonne sei«[37] und dass »es in keiner anderen Mine der Welt größere Vorkommen oder reineres Gold gäbe«.[38] Der binde »sein Pferd an einen Goldklumpen von der Größe eines beachtlichen Steins«.[39]

Im späten 11. Jahrhundert brachten die Almoraviden die Handelsrouten der westlichen Sahara unter ihre Kontrolle und minderten so den Reichtum Ghanas, da dessen Händlerschicht sich zerstreute. Nach Ibn Chaldun »schwand die Autorität der Bewohner von Ghana und ihr Ansehen nahm in dem Maße ab, wie das der Verhüllten – ihrer Nachbarn im Norden, neben dem Land der Berber – wuchs. Diese weiteten ihre Vorherrschaft über den Sudan [Bewohner des ›Landes der Schwarzen‹] aus, plünderten, erhoben Tributzahlungen und Kopfsteuern und bekehrten viele zum Islam. Schließlich ging die Macht der Herrscher von Ghana gänzlich verloren und sie wurden von den Susu, einem benachbarten sudanesischen Volk, überwältigt, die Ghana unterjochten und sich einverleibten.«[40]

DAS MALI-REICH

Als das alte Ghana langsam zusammenbrach, stieg im 13. Jahrhundert das malische Reich der Malinke, das wahrscheinlich nahe der heutigen Bamako-Gegend lag, zur regionalen Vormacht auf. Das Mali-Reich erbte die Reichtümer Ghanas und weitete seine Grenzen bis zum Atlantischen Ozean aus. Im späten 13. Jahrhundert wurden sowohl Timbuktu als auch Gao besetzt und das Territorium des Reiches umfasste ein Gebiet so groß wie Westeuropa oder »eine vier oder mehr Monate dauernde Reise in der Länge ebenso wie in der Breite«.[41] Das Reich profitierte sowohl von den Goldminen im Land als auch von dem Gold, das durch sein Gebiet transportiert wurde. Aber der malische König zögerte, die Goldfelder in den

OBEN Timbuktus Sankoré-Moschee. Jedes Jahr werden die Moscheen nach der Regenzeit von der Bevölkerung der Stadt restauriert, die die Außenwände mit einer frischen Lehmmischung neu verputzt. Die hervorragenden Holzstangen dienen als Gerüst, mit dem auch die höchsten Bereiche zugänglich sind.

Waldregionen weiter südlich zu besetzen. Er behauptete, dass jedes Mal, wenn er diese Gebiete eroberte, das Gold auf wundersame Weise verschwände, um dann in benachbarten »ungläubigen« Ländern wieder aufzutauchen: »Wenn wir sie besiegen und das Land einnehmen, bringt es rein gar nichts hervor ..., aber wenn es wieder an sie zurückfällt, bringt es die gewohnten Erträge.«[42] In Wirklichkeit wusste die Elite Malis nicht genau, wo die Goldfelder waren.

1325 pilgerte der Herrscher Mansa Musa nach Mekka, wobei er – wie berichtet wird – eine Tonne Gold mitnahm. Wie im *Tarikh al-Sudan* zu lesen ist, »war Mansa Musa ein aufrechter und frommer Mann, dem kein anderer malischer Sultan glich. Er pilgerte zu Gottes Heiligem Haus, wobei er ... zu Beginn des 8. Jahrhunderts [14. Jahrhundert n. Chr.] aufbrach. Er machte sich mit großem Pomp und einem riesigen Gefolge auf den Weg, darunter 60 000 Soldaten und 500 Sklaven, die vor ihm herrannten, während er auf einem Pferd saß. Jeder seiner Sklaven trug in seiner Hand einen aus 500 Mithqal [über zwei Kilogramm] Gold gefertigten Stab.«[43]

Bei seiner Ankunft in Ägypten wirbelten Mansa Musas verschwenderische Geschenke die ägyptische Wirtschaft durcheinander. Al-Umari berichtet, dass er »Kairo mit Wohltaten überflutete. Er beschenkte jeden Emir bei Hofe und jeden Inhaber eines königlichen Amtes mit einer Ladung Gold. Die [Bewohner Kairos] machten einen unfassbaren Profit durch ihn und sein Gefolge, indem sie kauften, verkauften, gaben und nahmen. Sie tauschten Gold, bis ... sein Preis fiel.«[44]

Mansa Musa erkannte, dass er mittels des Islam sein riesiges Reich leichter würde beherrschen können. Auf seiner Rückreise von Mekka erwarb er Werke über das malikitische Recht, die in Westafrika dominante islamische Rechtstradition. Er veranlasste auch den Bau der Djinger-ber-Moschee in Timbuktu unter der Leitung des andalusischen Gelehrten und Poeten Abu Ishaq Ibrahim al-Sahili, der ihn auf seiner Rückreise von Mekka begleitet hatte. Einige Jahre später wurde in seiner Regierungszeit eine

weitere große Moschee im Sankoré-Viertel im Norden der Stadt erbaut, finanziert von einer Angehörigen der Aghlal, einem religiösen Tuareg-Stamm. Viele Gelehrte zogen in das Sankoré-Viertel, das so zum Zentrum für das Studium des Islam in der Stadt wurde.

Timbuktu steht sowohl für die Islamisierung Afrikas als auch für die Afrikanisierung des Islam. Als Ibn Battuta die Stadt im Jahr 1352 besuchte, beeindruckte sie ihn sehr durch die öffentliche Sicherheit, die Fürsorge um die Hinterlassenschaften eines verstorbenen Besuchers, die gewissenhafte Verehrung Gottes in der Gruppe, die wunderschönen Gewänder und die Fähigkeit der Bewohner, den Koran auswendig zu zitieren. Einige der dort herrschenden Sitten stießen ihn aber auch ab, etwa dass ein Mann weibliche Gefährtinnen haben konnte, und schockiert war er von der Angewohnheit einiger Frauen, sich unbekleidet in der Öffentlichkeit zu zeigen. »Wenn die Frauen in die Residenz des Sultans gehen, entkleiden sie sich und betreten das Anwesen nackt ..., ich sah über 200 Sklavenmädchen, die völlig unbekleidet Essen aus dem Palast des Sultans trugen.«[45]

Die unter Mansa Musa etablierten islamischen Traditionen waren bedroht, als 1343 der heidnische Mossi-Stamm Timbuktu angriff: »Der Sultan der Mossi zog in Timbuktu ein, brandschatzte und verbrannte es, wobei viele Menschen getötet wurden. Bevor er in sein Reich zurückkehrte, plünderte er die Stadt.«[46] Aber die Malier erholten sich von der Verwüstung und regierten die Stadt für weitere hundert Jahre.

Als die Macht Malis im frühen 15. Jahrhundert schließlich doch dahinschwand, machten sich die Tuareg das wachsende politische Vakuum zunutze. »Die Tuareg begannen mit Überfällen und Verwüstungen auf allen Seiten. Die Malier – verunsichert und verwirrt wegen der vielen Plünderungen – weigerten sich, sich ihnen entgegenzustellen. [Die Tuareg] meinten: ›Ein Sultan, der sein Gebiet nicht verteidigt, hat kein Recht auf die Herrschaft.‹«[47] 1433 verjagten die Tuareg die »Malier« aus Timbuktu und trieben sie zurück in die südlichen Regionen.

DAS REICH DER SONGHAI

Im frühen 15. Jahrhundert bemächtigten sich die Songhai aus Gao der Gebiete des ehemaligen Mali-Reichs, darunter auch Timbuktus. Die Chroniken berichten von »schlechten« und »guten« Herrschern des Songhai-Reichs. Der expansionistische Fürst Sonni Ali Ber misstraute Timbuktu und blieb als ungläubiger Schurke in Erinnerung. Er »beging fürchterliche Verbrechen in der Stadt, setzte sie in Flammen, brandschatzte sie und tötete sehr viele Menschen.«[48] Er war auch für den wirtschaftlichen Niedergang Timbuktus verantwortlich. Goldhändler aus dem Süden fürchteten, unter Sonni Ali die Kontrolle über den Handel zu verlieren, weswegen sie das Gold über Kano im heutigen Nigeria exportierten und die Songhai-Gebiete mieden.

Nach einem Staatsstreich wurde Timbuktu für weitere hundert Jahre von den Songhai regiert. Gütige und effektive Herrscher der Askiya-Dynastie verlegten das Machtzentrum weiter nach Norden und stellten nicht nur den Wohlstand der Region und ihrer Gelehrten wieder her, sondern führten die Stadt in ihr »Goldenes Zeitalter«. Nach dem *Tarikh al-Fattash* »kann man die Tugenden und Qualitäten von [Askiya Muhammad] nicht zählen, darunter seine exzellente Staatskunst, seine Freundlichkeit gegenüber seinen Untertanen und seine Sorge um die Armen. Weder unter seinen Vorgängern noch unter seinen Nachfolgern kann man einen finden, der ihm gleichkam. Er war den Gelehrten, Heiligen und Talebs (den Lernenden) sehr zugetan.«[49] Askiya Muhammad wurde auch in der Ferne verehrt. Während seiner Pilgerreise nach Mekka »setzte ihm ... der Sharif von Mekka einen schwarzen Turban auf und nannte ihn Imam«[50], während der abbasidische Kalif von Kairo ihm die Macht verlieh, Songhai in seinem Namen zu regieren, was ihn auch zu einer islamischen Autorität machte.

Wie alle großen Königreiche dieser Region profitierte das Songhai-Reich davon, dass es die Sicherheit der Handelsrouten durch die Sahara zu gewährleisten und die Transportmittel zu kontrollieren vermochte, sei es eine Kamelkarawane oder eine Flotte an Kanus. Jedoch begann zu dieser

LINKS UND OBEN Straßen und Gebäude im modernen Timbuktu: eine Straße neben der Djinger-ber-Moschee (linke Seite); eine kleinere Moschee am Stadtrand (oben links); und der Innenhof des Hauses, das der deutsche Forscher Heinrich Barth während seines siebenmonatigen Aufenthalts in Timbuktu bewohnte (oben rechts)

OBEN Mit Bolzen, Paneelen und Türklopfern verzierte schwere Holztüren sind ein typischer Anblick in Timbuktu.

Zeit die Epoche der europäischen Expansion, was zu neuen Herausforderungen führte. Das Reich der Songhai wurde entscheidend geschwächt, als die Portugiesen Häfen an der Westküste Afrikas besetzten und den Goldhandel an den Atlantischen Ozean verlegten, wodurch sie die traditionellen Routen durch die Sahara umgingen. Als Leo Africanus Timbuktu im frühen 16. Jahrhundert besuchte und über die Stadt in seiner Beschreibung Afrikas schrieb, war der Goldhandel bereits am Schwinden. Die Hälfte war schon an die Küste umgelenkt worden.

JÜDISCHE SIEDLUNGEN IN DER SAHARA[51]

Im 15. Jahrhundert oder früher kamen arabische Händler aus der Oase Tuwat in der nördlichen Sahara zusammen mit nordafrikanischen Juden nach Timbuktu. Viele Juden lebten auch in der Stadt Tlemcen nördlich von Tuwat nahe der Mittelmeerküste, wo sie sich zusammen mit Muslimen niedergelassen hatten, nachdem Spanien von den Christen zurückerobert worden war. Der Status dieser jüdischen Kaufleute ist nicht einfach zu definieren, da die muslimischen Gelehrten den Juden gegenüber keine einheitliche Stellung bezogen: Einige schilderten sie als reiche Kaufleute, andere als verarmte Gettobewohner. Antonius Malfante, ein Kaufmann aus Genua, der 1447 versuchte, in Tuwat Handel zu treiben, beschrieb eine wohlhabende und gesicherte jüdische Gemeinschaft: »Es gibt viele Juden, die hier ein gutes Leben führen, da sie unter dem Schutz verschiedener Herrscher stehen, von denen jeder seine Klienten verteidigt. So erfreuen sie sich eines sehr sicheren sozialen Status. Der Handel ist in ihren Händen, und vielen von ihnen wird das größte Vertrauen geschenkt ...«[52]

In einem Brief an nordafrikanische Gelehrte, die um ein islamisches Rechtsgutachten (*Fatwa*) bitten zur Frage, ob ansässigen Juden erlaubt sein sollte, eine Synagoge zu betreiben, erklärte der Kadi von Tuwat, dass die Juden »unterdrückt und gedemütigt sind und in einer einzigen Straße leben, wo die Synagoge zwischen den Häusern steht«. Al-Maghili, ein

nordafrikanischer Gelehrter, der im Jahr 1440 geboren wurde, verfasste ein Traktat über die Juden, in der er sie »Feinde Gottes« nennt. Daher sei es gerecht, ihr Eigentum zu beschlagnahmen, die Männer zu töten, die Frauen und Kinder zu versklaven. Später bewog er den Songhai-Herrscher Askiya Muhammad, den Juden das Betreten seines Landes zu verbieten.[53]

Aber obwohl die Juden auf Anraten al-Maghilis offiziell aus dem Songhai-Reich verbannt worden waren, wurden sie nicht systematisch vertrieben. Als Mungo Park im späten 18. Jahrhundert Westafrika erkundete, erzählte ihm ein Araber nahe Walata, dass »es viele Juden in Timbuktu gab, die aber alle Arabisch und dieselben Gebete sprachen wie die Mauren«.[54] Im 19. Jahrhundert kamen mehr nordafrikanische Juden, insbesondere aus Marokko, nach Timbuktu, und einige der Schriftstücke, die sie verfassten – auf Arabisch, aber viele mit einem hebräischen Vorwort –, existieren noch heute. Man weiß von einer jüdischen Gemeinde, die südlich von Timbuktu überlebte, da der *Tarikh al-Fattash* (fertiggestellt 1665) von einer jüdischen Siedlung berichtet, in der es zahlreiche Brunnen mit »glasierten« Wänden gibt, die genug Wasser für den Anbau von Gemüse liefern, das wesentlich besser ist als das in den Flussauen des Niger geerntete.[55]

DIE MAROKKANISCHE BESETZUNG

1591 erlag das Songhai-Reich relativ rasch einem Invasionsheer aus Marokko. Die Marokkaner hatten den Songhai mittels Diplomatie und Gewalt die Salzpfannen von Taghaza entrissen.[56] Aber das war ihnen nicht genug: Sultan al-Mansur aus der Dynastie der Saadier wollte den Transport auf dem Flussweg kontrollieren – die Boote wie deren Besatzung – und er streckte seine Hand auch nach so entfernten Territorien wie den Goldfeldern im Süden aus. Seine Ambitionen trugen ihm den Spitznamen Dhahabi oder »der Goldene« ein. Der Sultan entsandte ein Söldnerheer aus Spaniern, Berbern und Arabern, um Gao und Timbuktu zu erobern. Die »Arma« verfügte auch über 4000 Musketiere, während das Heer der Songhai nur mit

OBEN Das Innere der Sidi-Yahia-Moschee in Timbuktu mit dem Imam Mahmoud Hasseye Sidi Yahia. Die Moschee wurde im 15. Jahrhundert erbaut, im Laufe der Zeit aber mehrmals umgebaut. Ihre Imame sind traditionell Nachfahren des ersten Imams Sidi Yahia al-Tadallisi, des Schutzheiligen von Timbuktu, in dessen Namen und zu dessen Ehren die Moschee errichtet worden ist.

Pfeil und Bogen bewaffnet war.[57] Während die Truppen al-Mansurs die Songhai unterwarfen, verlangten sie in einem Schreiben an den örtlichen Kommandeur, dass er »die gesamte jährliche Abgabe der Boote, die bislang an die [Songhai] Askiya geflossen ist, ausliefern solle und dass die Boots-führer weiter ihren Pflichten nachgehen müssten«.[58]

Zunächst behandelten die Soldaten der Arma die Bevölkerung Tim-buktus äußerst brutal: »Pascha Mahmud drang in ihre Häuser ein und nahm alle Wert- und Haushaltsgegenstände sowie Möbel in derartigen Mengen an sich, dass nur Gott allein sie zählen könnte ... Mahmuds Gefolgsleute raubten alles, was ihnen in die Hände fiel, und entehrten die Gelehrten, indem sie die Frauen entblößten und schändeten.«[59] Ein zeit-genössischer englischer Augenzeuge in Marokko, Jasper Thomson, berich-tete über das Eintreffen des Anführers der Arma, Pascha Jawdar, aus Timbuktu am 28. Juni 1599. Pascha Jawdar hatte 30 Kamelladungen Gold-staub, Unmengen an Pfeffer, Einhornhörner, eine bestimmte Sorte Holz, die zum Färben verwendet wurde, 50 Pferde, viele Eunuchen und Zwerge, Sklaven und Sklavinnen sowie »15 Jungfrauen, die Königstöchter aus Gago [Gao], die er dem König als Konkubinen schickte« dabei.[60]

Marokko schickte zahlreiche Krieger, um die Fahne der Saadier im Mitt-leren Niger aufzupflanzen, wobei für den saadischen Staat wirtschaftlich immer weniger heraussprang.[61] Die Marokkaner beendeten rasch die an-fänglichen Plünderungen und machten Timbuktu zur Verwaltungshaupt-stadt der besetzten Gebiete, die von einem von Marrakesch ernannten Pascha regiert wurden. In Wahrheit aber beherrschten sie die Region nie gänzlich. Die Arma ging in der ansässigen Bevölkerung auf, indem die Sol-daten in vornehme Songhai-Familien einheirateten. So entstand eine neue Elite, die 1612 den Pascha absetzte und die Macht übernahm. Mit dem Niedergang des Goldhandels durch die Sahara aber schwanden auch deren Ansehen und Macht.[62] Schließlich entstand ein neues Machtvakuum, das am Ende von den Wüstenscheichs ausgefüllt wurde.

DIE WÜSTENNOMADEN

Das Leben in der großen Wüste – oder Azawad – war nur mithilfe von Brunnen möglich. Verschiedene Gruppen gewannen die Vorherrschaft über die Region durch die Anlage von Brunnen, die Wüstenstädte wie Arawan und Bou Saada gedeihen ließen. Bis Mitte des 18. Jahrhunderts kontrollierten die Tuareg neben den Handelsrouten auch die Brunnen, bis diese größtenteils mit den Salzminen von den Kunta übernommen wurden.

Deren Ursprünge sind diffus, aber von der Mitte des 16. Jahrhunderts an treten sie als eindeutig definierter und relativ großer Stamm hervor. Sie durchwanderten weite Gebiete der Sahara und ließen sich schließlich in der Oase von Tuwat nieder. Bis Ende des 18. Jahrhunderts spaltete sich die herrschende Familie. Ein Bruder zog ins heutige Südmauretanien, während ein anderer – Scheich Sidi al-Mukhtar al-Kabir – Viehzucht und Handel verband und ein Netzwerk aus Handelsposten vom Wadi Dar über Tuwat bis nach Timbuktu im Westen und Katsina im Osten aufbaute. Dieser große Anführer der Kunta war bekannt für seine Gelehrtheit und Heiligkeit, aber auch für seinen Geschäftssinn. Die Kunta brachten im 19. und 20. Jahrhundert zahlreiche Gelehrte hervor, von denen die bekanntesten Nachkommen von Scheich Sidi al-Mukhtar al-Kabir waren.[63] Durch die Gründung der Zawiya waren sie für einen großen Teil der Region die spirituelle Autorität. Arawan diente bald als Zuflucht für Gelehrte, die vor den Konflikten und politischen Fehden in Timbuktu flohen.

Kunta- und Kel-al-Suq-Tuareg-Gelehrte fungierten als Räte, führten Rechnungen, boten juristische und medizinische Beratung und erzogen die Jugend. Während die Gelehrten mit der Feder hantierten, führten andere das Schwert. Verschiedene Kriegergruppen der Tuareg übten eine wirksame Kontrolle über die Region aus, indem sie Reisende entweder schützten oder ausraubten. Die unterschiedlichen Tuareg-Fraktionen rivalisierten jedoch miteinander, und die Kunta traten oft als Vermittler auf. In der Tat scheint diese Rolle ihren politischen Einfluss sehr gestärkt zu haben.

OBEN Die Große Moschee von Djenné, erbaut 1907. Der architektonische Stil des Sudans und der Sahelzone breitete sich zusammen mit dem islamischen Glauben aus, sodass Lehmziegelmoscheen in diesem Stil (wenn auch nirgendwo anders in so hoher Zahl) im Zentrum von Dutzenden von Dörfern und Siedlungen in ganz Mali zu finden sind.

OBEN Ein Schneider wirbt für seine Dienste in Timbuktu. Mitte des 17. Jahrhunderts
führt der *Tarikh al-Fattash* 26 Schneiderwerkstätten für die Ausbildung von Schnei-
dern auf. Jeder Meister beschäftigte 50 bis
100 Lehrlinge. Der Eintritt in die Ausbildung war nur für Schüler mit einem gewis-
sen Bildungsstandard möglich. Die Arbeit
im Schneiderhandwerk sicherte den Schülern ein gewisses Einkommen, sodass sie
ihre Studien fortführen konnten.[64]

Zu Beginn des 19. Jahrhunderts hatte ein Teil der Kunta-Scheichs aus
der südlichen Sahara auch die administrative Kontrolle über Timbuktu
erlangt. Sie gründeten in der gesamten Region Zawiyas oder religiöse
Schulen, die den Qadiriyya-Orden der Sufis unterstützten. Durch diese
Schulen konnten sie großen Einfluss auf Sitten und Gebräuche sowohl im
Handel als auch im Alltag gewinnen. Ihre Schüler verbreiteten die Qadiriy-
ya-*Tariqa* – also diese spezielle Sufi-Bruderschaft – in ganz Westafrika. Sie
bemühten sich, angesichts von Besetzungsversuchen durch die Fulbe von
Masina, die Unabhängigkeit der Städte zu bewahren.[65] Zwar waren die
Kunta friedlich, aber als Tukulor-Gotteskrieger unter Omar Tall ihre Auto-
rität über Timbuktu bedrohten, mussten sie sich zur Wehr setzen.

DIE FULBE-OPPOSITION
Ab 1826 wurde den Kunta die Vorherrschaft in Timbuktu 40 Jahre lang von
»Gotteskriegern« aus dem Fulbe-Staat Hamdallahi in Masina, einem Gebiet südlich des Inlanddeltas des Niger, streitig gemacht. Dieses von der
Qadiriyya inspirierte Regime war von Ahmadu Lobbo gegründet worden,
der sich zum spirituellen Nachfolger von Askiya Muhammad ernannt hatte. Anfangs stützte die Führung der Kunta dieses Regime trotz vieler Differenzen. So glaubten Ahmadu Lobbo und seine Anhänger, Frauen sollten
gemäß den Lehren des Islam von den Männern getrennt werden. Dagegen
protestierten die Kunta, da dies den Bräuchen der Wüstenbewohner zu-
widerlief und heftigen Widerstand provozieren würde.[66] Lobbo versuchte
auch, den Tabakkonsum zu verbieten, eines der Handelsgüter, denen die
Kunta ihren Wohlstand zu verdanken hatten.

1846 handelte Ahmed al-Baqqai al-Kunti einen Pakt mit den Fulbe aus
Masina aus, der die Verwaltung von Timbuktu den Songhai beließ, dafür
aber einen Kadi und einen Steuereintreiber vom Stamm der Fulbe akzep-
tierte, der die Zahlung eines festgelegten Tributs überwachte. Ahmed al-
Baqqai al-Kunti war ein Enkel von al-Mukhtar al-Kabir, der die religiöse und

politische Führung der Kunta geerbt hatte. Der deutsche Gelehrte und Forscher Heinrich Barth wurde im Jahr 1853 Zeuge der Unterdrückung Timbuktus: »Die [Fulbe] hatten ... ein leichtes politisches Übergewicht erlangt und sie nutzten es sofort, indem sie eine Steuer von 2000 Schnecken pro Erwachsenem erhoben unter dem Vorwand, dass die Bevölkerung nicht – wie gefordert – ihr Freitagsgebet in der Großen Moschee gesprochen hätte ... Neben dieser pauschalen Steuererhebung, die alle Einwohner betraf, ließen sie sich noch Wege und Mittel einfallen, um den arabischen Teil der Bevölkerung, der den Scheich [al-Baqqai] besonders in seiner Opposition gegen deren Anweisung, mich (Heinrich Barth) aus der Stadt zu weisen, unterstützt hatte, besonders zu bestrafen. Sie durchsuchten die Hütten und konfiszierten dabei circa 60 oder 80 Ballen Tabak, der unter der strengen Herrschaft der Fulbe in diesem Stadtviertel eine Bannware war.«[67]

Später wurde Masina von rivalisierenden Tukulor, einem Stamm, der mit den Fulbe ethnisch nah verwandt ist, unter der Führung von Omar Tall besetzt, der aus Futa Toro im heutigen Nordsenegal stammte. Auf seiner Rückreise von einer Pilgerfahrt nach Mekka trat Omar Tall der Tijaniyya-Bruderschaft bei und übernahm damit eine besonders politische und militante Praxis des Sufismus. Damit kam er intellektuell und militärisch in Konflikt mit den Anhängern der Qadiriyya im Nigerbogen wie mit dem alten Bambara-Reich von Ségou. Omar Tall rief einen Dschihad aus und führte eine große Schar nordwärts, wobei er die Gebiete bis Masina und 1862 bis nach Timbuktu besetzte. Dort zwang er, sehr zum Leidwesen der Kunta, die Tijaniyya-*Tariqa* dessen Bewohnern auf.

Al-Baqqai war gegen heilige Kriege, da sie Tyrannen hervorbrachten, und so flehte er Omar Tall an, eine friedliche Lösung für ihre Differenzen zu suchen; als ihre Vereinbarung aber gebrochen wurde, sah auch er sich gezwungen, die Feder beiseite zu legen und zum Schwert zu greifen. Unterstützt von Rivalen Omar Talls, darunter auch Tuareg und Songhai, ging er zum Gegenangriff über. Sie schlossen sich mit Kontingenten der

besiegten Fulbe von Masina zusammen, um Hamdallahi zu belagern, Timbuktu zurückzugewinnen und im Jahr 1864 Masina zu erobern. Omar Tall floh und starb im Land der Dogon eines mysteriösen Todes.

Barth schrieb über die Kunta: »Es ist wirklich erstaunlich, dass eine Familie friedlicher Männer einen derartigen Einfluss über diese wilden Horden ausüben sollte, die ständig Krieg gegeneinander führten, bloß wegen ihrer angeblichen Heiligkeit und Reinheit der Sitten.«[68]

ERFORSCHUNG DURCH DIE EUROPÄER

Barth war nicht der einzige europäische Zeuge jener bewegten Zeit. Im frühen 19. Jahrhundert war Europa von Timbuktu fasziniert, weswegen ein Wettlauf darum entbrannte, als Erster die »große Stadt des Goldes« zu erreichen. Wirtschaftlich und geografisch war über die Region nur sehr wenig bekannt. Der gesamte Verlauf des Niger war auf europäischen Karten erst nach 1830 verzeichnet. Bislang hatten europäische Kartografen – den mittelalterlichen arabischen und jüdischen Karten folgend – eine Verbindung zwischen Niger und Nil gezeigt oder alternativ den Niger als in der Gegend um den Tschadsee entspringend und westwärts Richtung Senegal fließend dargestellt. Insgesamt wussten die Europäer weniger über die Region als arabische Historiker des 10. und 11. Jahrhunderts. So machten sich mehrere europäische Abenteurer auf, um diese nicht erfassten Territorien zu erkunden. Einer nach dem anderen erlag tropischen Krankheiten oder wurde von Einheimischen getötet.

Der erste Europäer, der Timbuktu erreichte und lebend zurückkehrte, war der Franzose René Caillié, der, verkleidet als Araber, über den Senegal nach Westafrika einreiste und im Jahr 1828 zwei Wochen in der Stadt verbrachte. Er berichtet, dass ihn »beim Betreten dieser mysteriösen Stadt, die ein Objekt der Neugier und der Forschung der zivilisierten Nationen Europas ist, eine unbeschreibliche Befriedigung erfüllte ... Timbuktu kann höchstens 10–12 000 Einwohner haben. Die Bevölkerung wird von Zeit zu Zeit

von Arabern verstärkt, die mit den Karawanen kommen und eine Weile in der Stadt bleiben. Die Straßen sind sauber und breit genug für drei Reiter nebeneinander. Sowohl in der Stadt als auch drum herum gibt es viele runde Strohhütten, wie die der Fulbehirten. Timbuktu hat sieben Moscheen, darunter zwei große; jede wird von einem Ziegelturm überragt.«[69]

Heinrich Barth bereiste Westafrika im Auftrag der britischen Regierung, um das Potenzial für Handelsbeziehungen in der Region auszuloten. Nachdem er fast drei Jahre vom Tschadsee aus muslimische Länder erkundet hatte, erreichte er 1853 Timbuktu und blieb sieben Monate. Da er fließend Arabisch sprach, glaubte er sich als Muslim ausgeben zu können, aber seine Herkunft wurde bald entdeckt. Der erste europäische Forscher, der Timbuktu erreicht hatte, war Gordon Laing, der zwei Jahre vor Caillié 1826 angekommen und auf dem Rückweg durch die Sahara ermordet worden war. Barth blieb ein solches Schicksal erspart. Als er Timbuktu verließ, begleitete ihn al-Baqqai al-Kunti bis über Gao hinaus und gab ihm folgendes Empfehlungsschreiben mit: »Lass dich nicht von denen irreführen, die sagen: ›Seht an, er ist ein Christ! Seid nicht freundlich zu ihm! Erachtet es als gottgefällig, ihn zu verletzen!‹ Solche Gefühle widersprechen Koran und Sunna und werden von klugen Männern abgelehnt. Es steht geschrieben: ›Gott verbietet es nicht, Freundlichkeit zu zeigen und die als gleich zu erachten, die mit dir nicht wegen deiner Religion Krieg führen und dich nicht von deinem Besitz vertreiben, denn Gott liebt die Gerechten.‹«[70]

Dank al-Baqqais Schutz gelangte Heinrich Barth sicher nach Hause und schrieb einen der größten Berichte über Zentralafrika.

FRANZÖSISCHE KOLONISATION

Zwischen 1880 und 1892 kamen die Gebiete, die Französisch-Westafrika oder auch Französisch-Sudan genannt werden, unter französische Kolonialherrschaft. Die Franzosen drangen in den 1880er-Jahren von ihrer Kolonie im Senegal aus nach Osten vor und demontierten dabei Stück für

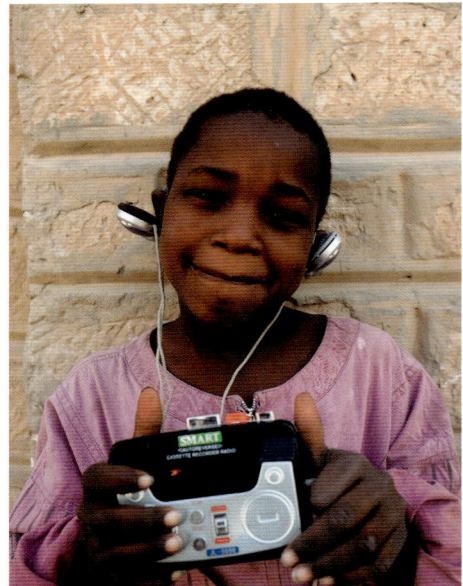

LINKS Obwohl Timbuktu geografisch relativ isoliert liegt, stehen seine Bewohner mittels Radio, Internet, Mobiltelefonen und dem technologischen Aufgebot, das von Touristen und Entwicklungsprojekten zurückgelassen wird, mit der Außenwelt in Verbindung.

RECHTS Ibrahim Abbas, der Sohn des Wachmanns am Ahmed-Baba-Institut in Timbuktu. Auf diesem Foto ist er neun Jahre alt und bereits ein aufstrebender Fotograf.

Stück das islamische Reich Omar Talls. Nur die Tuareg leisteten über ein Jahrzehnt lang Widerstand. 1880 schrieb der französische Oberst Flatters an den Tuareghäuptling des Hoggar in Algerien und bat um sicheres Geleit durch die Sahara. Der Häuptling antwortete, dass er die Bitte erhalten und verstanden hätte, aber ihr nicht entsprechen würde. Flatters riskierte die Reise trotzdem, woraufhin er und die meisten seiner Männer mit durchgeschnittenen Kehlen endeten, der Rest wurde vergiftet.[71]

Ende des 19. Jahrhunderts reagierten zwei Enkel des Kunta-Häuptlings al-Mukhtar al-Kabir jeder auf seine Weise auf die Kolonialherrschaft. Zayn al-Abidin rief nach der Besetzung von Timbuktu im Jahr 1894 zum Dschihad gegen die Franzosen auf und drangsalierte sie auch noch in den ersten beiden Dekaden des 20. Jahrhunderts. Scheich Bay bin Sidi Omar, ein Gelehrter mit dem Ansehen eines Heiligen, ließ sich im Adrar des Iforas in der nördlichen Sahara nieder und forderte sowohl die Iforas als auch die Hoggar-Tuareg dazu auf, den Konflikt mit den Franzosen zu vermeiden. Bald wurde er von den Kolonialherren als eine richterliche Autorität in der Region anerkannt, obwohl er keinen offiziellen Posten innehatte.

Bis 1894 hatten die französischen Truppen das Landesinnere bis Timbuktu erobert. Zum ersten Mal seit der kurzen Invasion durch die Mossi im Jahr 1343 wurde Timbuktu von Nichtmuslimen beherrscht. Nach langem Kampf gelang es den Franzosen, die Tuareg zu bezwingen und bis 1916 ihre Kontrolle auf die nördlichen Regionen der Sahara auszuweiten.[72]

Die zwangsweise Einführung der französischen Sprache und Schulen hatte einen verheerenden Effekt auf die Gelehrtentraditionen des Gebietes. Das Arabische wurde in der Verwaltung vom Französischen abgelöst und die arabischen *Madrasas* zu französischen *Médersas* umgewandelt, um französische Erziehungsziele innerhalb des islamischen Kontextes zu fördern. Viele Familien versteckten ihre Wertsachen, darunter auch die Handschriftensammlungen, aus Sorge, sie könnten von der Kolonialverwaltung konfisziert werden.

II Bewohner der Stadt

SEITE 63–65 Drei Kinder in Timbuktu; die Mutter eines behinderten Kindes; Mohamed Alher ag Almahdi, der Kopf einer Vereinigung von Tuareg-Kunsthandwerkern

SEITE 66/67 Mahmoud Maiga (links) und Alphadi Oumar

(rechts), Mitglieder des Direktoriums der Maigala/Almoustapha-Konaté-Bibliothek

OBEN UND RECHTS Männer in Timbuktu mit dem traditionellen Wüstenturban

68

OBEN   Die Mutter eines behinderten Kindes in
Timbuktu

RECHTS Tahara Abbas, Gründerin eines Vereins für
Behinderte in Timbuktu, der sich der Erziehung,
aber auch dem Unternehmertum widmet

SEITE 72 Der traditionelle Heiler und Kräuterkundige Ali
Attiram Maiga mit einer Schildkröte, einer der Zutaten in
seinem Arsenal an traditionellen Heilmitteln

SEITE 73 Geschäftsinhaber Akamis Dicko vom Stamm der
Fulbe, der seine Waren unter einem Baum an einer Straßen-
ecke in Timbuktu verkauft

OBEN Junge in einem New-York-T-Shirt, fotografiert an der Maigala/Almoustapha-Konaté-Bibliothek. Die Jugend Timbuktus ist stolz auf das Erbe ihrer Stadt, aber auch weltoffen.

RECHTS Hanna, ein einheimischer Fremdenführer und Fußballstar, hat den Autoren und dem Fotografen dieses Buches geholfen, seit er neun Jahre alt war.

LINKS Ein älterer Bewohner Timbuktus. Die Lebenserwartung in Mali liegt heute bei circa 50 Jahren.

OBEN Drei Greise in einem Nomadenlager nahe Timbuktu

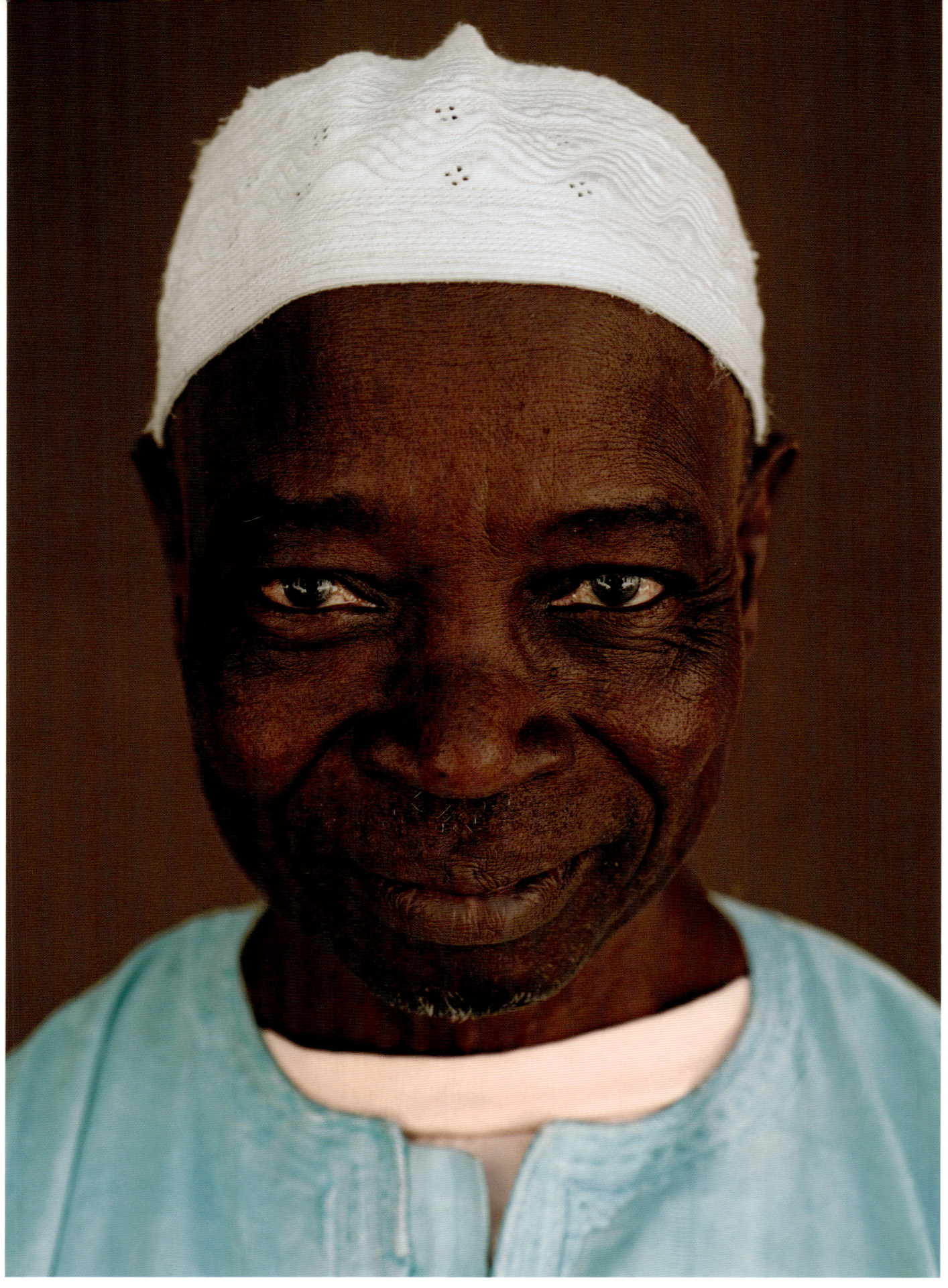

OBEN Djibril Doucouré, Hüter der Handschriften am Ahmed-Baba-Institut seit dessen Gründung in den 1970er-Jahren

RECHTS Yiddar ag Tahiya, ein Tuareg mit weißem Turban

2 EIN REFUGIUM FÜR GELEHRTE

»In Timbuktu gibt es zahllose Richter, Gelehrte und Priester, alle werden vom König gut bezahlt, denn er verehrt weise Männer. Viele aus der Berberei kommenden Handschriften werden hier verkauft. Diese Ware ist profitabler als jede andere.«

Leo Africanus

Durch die berühmte Pilgerfahrt Mansa Musas im Jahr 1325 interessierte sich das Ausland für das malische Reich, das für seinen Reichtum und seine Frömmigkeit weithin bekannt wurde. Da Timbuktu im Laufe des 14. Jahrhunderts zum Handelszentrum zwischen dem tropischen Afrika, der Wüste und dem Mittelmeerraum avancierte, zog es religiöse Menschen wie auch Händler an, und zuweilen überschnitten diese Kategorien sich auch. Mitte des 15. Jahrhunderts war Timbuktu bereits eine Stadt der Wissenschaft wie der Wirtschaft.[1] Durch seinen Wohlstand verfügten Gelehrte über die Muße zum Studium wie zur Lehre und über die Mittel, Kopien von Büchern zu kaufen und in Auftrag zu geben. Diese günstigen Bedingungen zogen Gelehrte und Schüler aus der gesamten Region an.

Die *Ulama* bzw. die Gelehrten Timbuktus füllten viele Rollen aus. Sie hatten alle einen eigenen Wirkungskreis: *Kadis* sprachen Recht und nahmen Führungspositionen in der Bürgerschaft ein. Imame betreuten Moscheegemeinden. Lehrer betreuten ihre Schüler. Auf dem Land waren heilige Männer – wie Pfarrer in ihrem Pfarrbezirk – in alle Aspekte des Gemeindelebens eingebunden. Andere Gelehrte boten medizinischen oder juristischen Rat. Im Wirtschaftszentrum Timbuktu kam dem *Kadi* eine besonders wichtige Rolle zu. Gelagerte Waren mussten geschützt, Streitigkeiten zwischen Einwohnern und Durchreisenden beigelegt werden. Als spirituelle wie juristische Führer regelten die Gelehrten die Angelegenheiten Timbuktus, verhandelten mit den Machthabern und beeinflussten Politik und Verwaltung der Stadt. Ein einzelner Gelehrter konnte zu Lebzeiten sowohl das Amt des *Kadi* als auch das des Imam ausüben. Zusammen sorgten sie dafür, dass die Religion erhalten und gelebt wurde. Dazu war es mitunter auch erforderlich, die Herrscher selbst zur Befolgung der religiösen Gebote anzuhalten, und so kam es unweigerlich ab und zu auch zu Konflikten mit den Oberherren der Stadt.

Die Gelehrten Timbuktus mussten 1468 einen herben Rückschlag hinnehmen, als die Stadt von Sonni Ali Ber (Regierungszeit: 1464–1492), dem

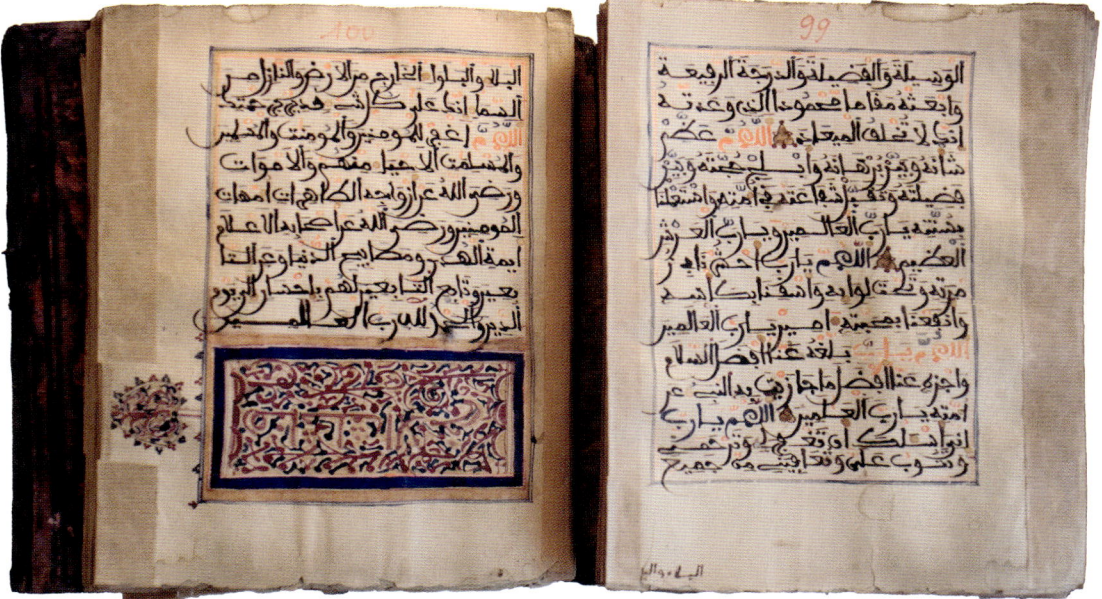

Herrscher des expandierenden Songhai-Reiches, geplündert wurde. Dessen Haltung zum Islam war zwiespältig. Er vertrieb die Sanhaja aus Timbuktu und verfolgte die Gelehrten – besonders jene, die von den Sanhaja abstammten und in Verdacht gerieten, ihre regierende Sippe – die Tuareg – zu begünstigen.[2] Etliche flohen nach Walata, und von denen, die blieben, wurden viele umgebracht. Alis Nachfolger Askiya Muhammad aber (Regierungszeit: 1493–1529) war der Begründer einer neuen Dynastie und galt als aufrechter Muslim. Er pilgerte bald nach Mekka und kehrte zurück, von der *Baraka* oder der göttlichen Gnade desjenigen inspiriert, der das »Haus Gottes« (*bayt Allah* – die Kaaba) besucht hatte. Er zeigte sich gegenüber den Gelehrten versöhnlich und bereitete den Boden für ein Jahrhundert des Gleichgewichts zwischen der herrschenden Klasse und dem geistlichen Stand, das von Respekt und gegenseitiger Unterstützung geprägt war.

Das 16. Jahrhundert war eine Zeit der Blüte für die arabisch-islamische Gelehrsamkeit in Timbuktu, und viele Gelehrte ließen sich dort dauerhaft nieder. Während der Songhai-Dynastie bis 1591 wurden die muslimischen Weisen der Stadt großzügig gefördert, und der Staat ließ die Moscheen renovieren. Zwischen den Machthabern und den verschiedenen Gelehrten, Mystikern und heiligen Männern bestand eine fein abgestimmte Balance, denn die uneingeschränkt herrschende Askiya-Dynastie erkannte sehr wohl, dass es in ihrem eigenen Interesse lag, mit diesen Religionsführern in Frieden zu leben. Mit Geld- und Sachgeschenken, darunter auch Sklaven, der Gewährung von Ländereien und Privilegien, unter anderem Steuerfreiheit, versicherten sich die Herrscher der moralischen Unterstützung und der spirituellen Dienste des geistlichen Stands und, noch wichtiger, vermieden sie es, göttliche Strafen auf sich herabzubeschwören.

Askiya Dawud, der von 1549 bis 1583 herrschte, soll öffentliche Bibliotheken in seinem Reich gegründet haben. Der *Tarikh al-Fattash* berichtet, dass »Askiya Dawud ... ein ehrfürchtig verehrter Sultan war, redegewandt, ein geborener Anführer, freigebig, großmütig, heiter und gut gelaunt,

immer zu Scherzen bereit. Gott beschenkte ihn reich mit den Gütern dieser Welt. Er richtete als Erster Warenlager und sogar Bibliotheken ein, beschäftigte Schreiber, die für ihn Bücher kopierten, und verschenkte sie gelegentlich an Gelehrte. Mir wurde gesagt ..., dass er den Koran auswendig gelernt und die *Risala* [ein Buch über das islamische Recht] studiert hätte. Um die Mittagszeit kam ein Scheich zu ihm und unterrichtete ihn.«[3]

DIE WISSENSCHAFT IN DER EPOCHE NACH DEN SONGHAI

Mit dem Untergang des Songhai-Reichs endete auch das Goldene Zeitalter für die Gelehrten Timbuktus. Nach der Eroberung durch die Marokkaner im Jahr 1591 wurden die Gelehrten wieder des Verrats verdächtigt, 1593 ließ der marokkanische Pascha einige von ihnen gefangen nehmen. Da er die Gelehrten für einen Aufstand in der Stadt verantwortlich machte, ließ der Pascha ihren Besitz und ihre Bibliotheken plündern. Diese Schikanen hielten an, bis Sultan al-Mansur Boten nach Timbuktu schickte und den Pascha anwies, den Gelehrten kein weiteres Leid zuzufügen.[4] Nachdem diese bereits fast fünf Monate im Kerker gesessen hatten, verbannte sie der Pascha nach Marrakesch – eine 64-tägige Reise durch die Wüste. Die gesamte Gelehrtensippe der Aqit wurde nach Marokko vertrieben, wo alle bis auf Ahmed Baba starben.[5] Das Ansehen der Gelehrten Timbuktus war untergraben, sodass viele sich zu anderen Zentren der Gelehrsamkeit aufmachten. Zwar wurde die Lehrtradition fortgesetzt, aber während des 17. Jahrhunderts sank das Niveau der Wissenschaft in Timbuktu deutlich.

In der Zeit nach der marokkanischen Invasion wurden Timbuktus wissenschaftliche Traditionen durch historische Schriften wie lokale Chroniken und biografische Lexika fortgeführt. Geschichte war weder in Timbuktu noch irgendwo sonst in der islamischen Welt je Teil des Lehrplans. Abgesehen von der »heiligen Geschichte« – dem Leben des Propheten und seiner Gefährten sowie der »rechtgeleiteten« Kalifen – war die Historie ein »weltliches« Thema, von dem ein guter Gelehrter durchaus etwas verste-

hen sollte, das aber nicht als Wissen verstanden wurde, das zur Erlösung führt. Nichtsdestoweniger interessierten sich die Gelehrten Timbuktus für Geschichte. Obwohl die Chroniken der Stadt bis ins 17. Jahrhundert hinein nicht zusammengetragen worden waren, basieren sowohl der *Tarikh al-Sudan* als auch der *Tarikh al-Fattash* auf mündlich oder schriftlich tradierten Berichten aus früheren Zeiten. Historische Schriften halfen den muslimischen Gemeinden, ihre Identität zu definieren, was vor allem für diejenigen wichtig war, die in entlegenen Gegenden inmitten nichtmuslimischer Menschen lebten. Lokale Geschichtsschreibung trug aber auch zur Stärkung der Gemeinschaftssolidarität derer bei, die in anerkannten Zentren des Islam wie Timbuktu, Arawan und Djenné lebten. Die Chronistentradition, die sich zu dieser Zeit in Timbuktu entwickelte, scheint sich über ganz Westafrika verbreitet zu haben.

Der *Tarikh al-Sudan*, 1655 von Abd al-Rahman al-Sadi vollendet, zählt zu den großen afrikanischen Chroniken. Er erzählt die Geschichte der Region des Mittleren Niger von der Gründung Timbuktus bis zur Eroberung durch die Marokkaner. Ohne ihn wüssten wir wesentlich weniger über eines der größten vormodernen Reiche Afrikas, und wir würden diese bemerkenswerte islamische Zivilisation schlechter verstehen. Während seiner Reisen durch Westafrika fand Heinrich Barth eine Kopie einer Schrift, bei der es sich wahrscheinlich um den *Tarikh al-Sudan* handelte, auch wenn er sie Ahmed Baba zuschrieb, und große Teile der historischen Informationen in Barths Werk über Westafrika stammen aus diesem Text.

Der *Tarikh al-Fattash*, der Mahmud al-Kati zugeschrieben wird, ist die andere große Chronik Timbuktus. Er wurde ungefähr zur selben Zeit geschrieben. Drei Söhne Mahmud al-Katis vollendeten das Werk, das später von einem Enkel überarbeitet und schließlich 1665 fertiggestellt wurde.

In späteren Zeiten berief man sich oft auf diese Chroniken, um politische Rechte zu legitimieren. Eine erhaltene Handschrift des *Tarikh al-Fattash* wurde im frühen 19. Jahrhundert auf Anweisung Scheich Ahmadu

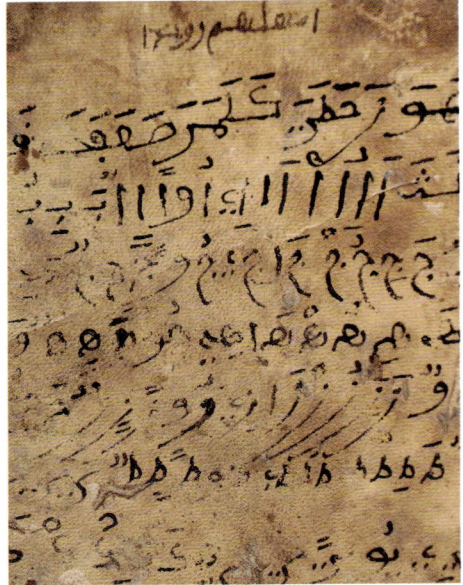

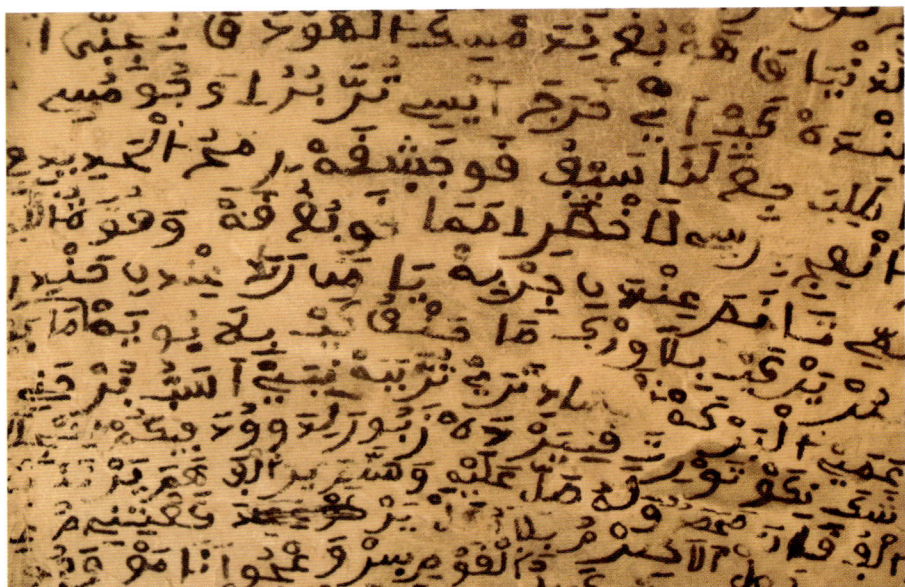

Lobbos manipuliert. Der Herrscher des islamischen Staats von Hamdallahi in Masina im südlichen Binnendelta ließ die Chronik so umschreiben, dass sie seinen Anspruch untermauerte, der zwölfte »wahre Kalif« des Islam zu sein – und der rechtmäßige Erbe des Songhai-Reiches.[6]

In der zweiten Hälfte des 18. Jahrhunderts kam es zu einem neuerlichen Aufschwung der intellektuellen Aktivitäten in nahezu der gesamten Sahelregion, wodurch die literarische Produktion beträchtlich zunahm. Zwei nomadische Stämme, die Kunta und die Kel al-Suq, spielten dabei eine führende Rolle. Über 500 Werke aus dieser Zeit stammen von Gelehrten der Kunta. Im Laufe des 18. und 19. Jahrhunderts verdrängten Wüstenscheichs aus dieser und anderen geistlichen Gruppierungen die städtischen Gelehrten als politische und spirituelle Autoritäten der Region.

INTERNATIONALE NETZWERKE DER WISSENSCHAFT

Timbuktu war bis 1800 das bei Weitem wichtigste Zentrum islamischer Wissenschaft in der Region des Mittleren Niger, besonders nach dem Jahr 1500, als es sowohl Walata als auch Djenné in den Schatten stellte. Im 15. Jahrhundert hatte ein reger Austausch von Gelehrten zwischen diesen Städten und Timbuktu stattgefunden, im 16. aber fiel Timbuktu die Führungsrolle zu. Die andere große Stadt der Region, Gao, die Hauptstadt des Songhai-Reiches, brachte keine Schriftsteller hervor, da die meisten Gelehrten es vorzogen, Abstand zum politischen Machtzentrum zu halten.

Das Wissen der Timbuktuer Gelehrten des 16. Jahrhunderts über den Islam stammte aus verschiedenen Quellen. Es gab wissenschaftliche Netzwerke zwischen Timbuktu und Fez,[7] und einige nordafrikanische und andalusische Gelehrte besuchten die Stadt oder ließen sich hier oder im Umkreis nieder. Noch wichtiger aber waren Verbindungen, die mit Kollegen in Ägypten und Mekka auf Pilgerfahrten geknüpft wurden.[8] Durch den *Hadsch* entstanden dauerhafte Kontakte zu den großen Gelehrten und den Zentren der Lehre im Mittleren Osten. Viele westafrikanische Gelehrte

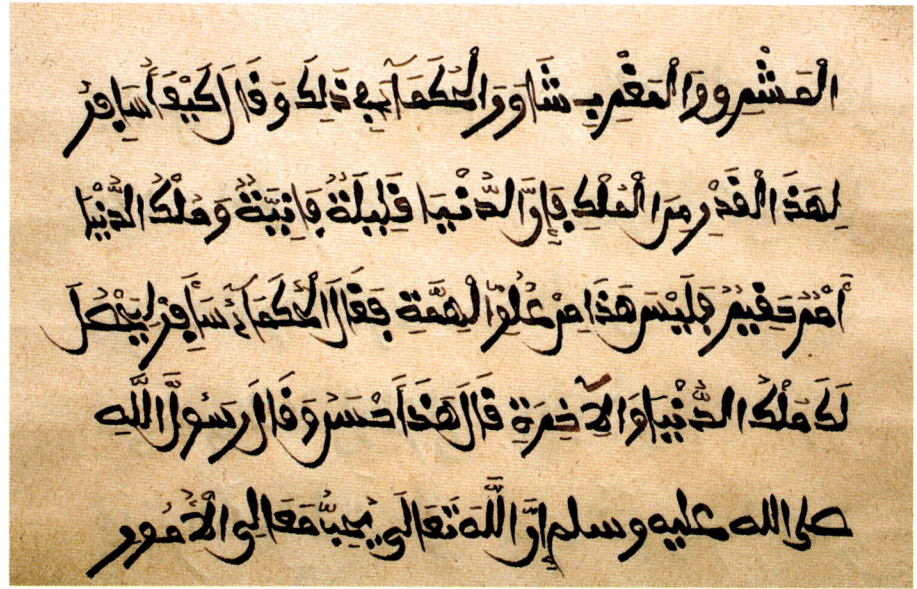

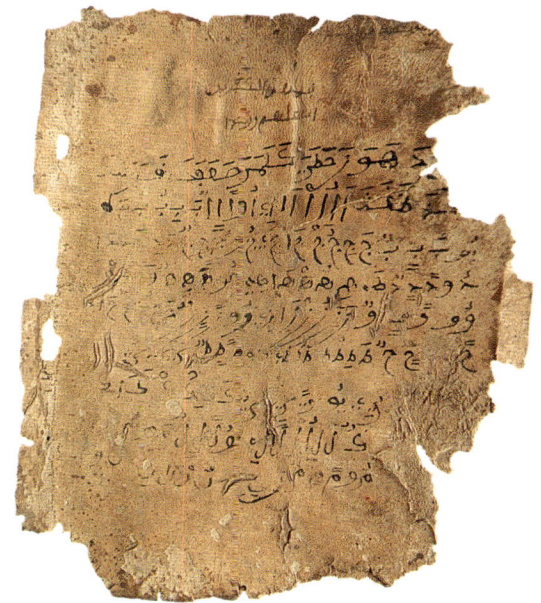

reisten nach Ägypten, wo sie an der hoch angesehenen Al-Azhar-Moschee die Lehrerlaubnis (*Ijaza*) in verschiedenen Disziplinen erwarben. Deren Schulen, die auch als »Wiege der islamischen Lehre« bekannt sind, waren spezialisiert auf islamisches Recht, Theologie und arabische Sprache sowie zeitweilig auf Philosophie und Medizin.

Der Ägypter Jalal al-Din al-Suyuti, einer der berühmtesten Gelehrten seiner Zeit, interessierte sich sehr für Westafrika. Der Songhai-Herrscher Askiya Muhammad soll während seiner Pilgerfahrt 1497 bei ihm studiert haben. Al-Suyuti schrieb für ihn ein kleines Werk über die Kunst der Regierung, abgeleitet von den *Hadith* (Worte und Taten des Propheten Mohammed), und versorgte ihn mit Ratschlägen, Ermahnungen, *Fatwas* (islamische Rechtsgutachten) und mit seinen *Baraka* (Segenswünsche).

DIE TRADITIONEN DER LEHRE

Das Kernstück der islamischen Lehrtradition besteht darin, einen Text zu empfangen, der in einer Kette von Übermittlern (*Silsila*) vom Lehrer bis zum Studenten weitergegeben wird, vorzugsweise auf dem kürzesten Wege und durch die anerkanntesten Mittler.[9] Üblicherweise fertigten die Schüler nach dem Diktat des Lehrers eine eigene Kopie an, um sie ihm dann vorzulesen oder zu lauschen, während ein anderer Student etwas vortrug. Wenn die Kopie korrekt war, konnte der Schüler anschließend die Bedeutung des Textes durch Lektionen seines Lehrers studieren, auf einer höheren Stufe auch in Form eines Disputs. Viele verschiedene Texte wurden – zusammen mit Kommentaren, die zu anderen Zeiten in anderen Teilen der muslimischen Welt geschrieben wurden – analysiert. In weiten Teilen der islamischen Welt haben diese Lehrmethoden bis heute überdauert.

In Timbuktu war die Sankoré-Moschee die bedeutendste Lehranstalt. Sankoré ist ein Viertel im Nordosten der Stadt, sein Name bedeutet »weiße Edelleute«, wobei sich der Begriff »weiß« auf die hellhäutigen Sanhaja bezieht. Das Sankoré-Viertel zog viele Gelehrte an, die hier lebten, studier-

LINKS Ein Beispiel für einen lautsprachlichen Text, d.h. einen Text, der auch die kurzen Vokale enthält – die in der arabischen Schrift normalerweise nicht dargestellt werden. Diese Schreibweise wird in der Regel nur bei Texten gewählt, bei denen es auf genaue Aussprache ankommt, insbesondere bei Handschriften des Korans, aber auch bei einigen kanonischen Texten über Grammatik und Recht. Aus der Mamma-Haidara-Bibliothek.

RECHTS Schreibübungen. Manuskripte aus dem Ahmed-Baba-Institut

Ali Ould Sidi, das Oberhaupt der Kulturellen Mission von Timbuktu, zeigt, wie man einen Turban anlegt. Studenten werden bei ihrer Abschlussfeier mit einem Turban und festlichen Gewändern bekleidet. Dann rezitieren sie vor ihren Kommilitonen, den Gelehrten und ihren Verwandten den ersten Teil des Korans.[10]

ten und lehrten, wodurch es sich den Ruf eines Zentrums der höheren Bildung erwarb. Offenbar gab es aber keine zentrale Lehranstalt in Timbuktu, ebenso wenig wie ein offizielles Diplom, das durch ein solches Institut verliehen worden wäre – abgesehen vom traditionellen Turban, der den Lernenden verliehen wurde. Auch die Sidi-Yahia- und die Djinger-ber-Moschee wurden als Unterrichtsstätten genutzt. Aber große Teile des täglichen Unterrichts fanden in den Häusern der Gelehrten selbst statt, wahrscheinlich in separaten Räumen, in denen dem Lehrer seine eigene Bibliothek zur Verfügung stand. Die Gelehrten erteilten individuelle Lizenzen oder *Ijaza*, die die Studenten autorisierten, bestimmte Texte zu lehren. Der Wert einer solchen Genehmigung bemaß sich allein an der Reputation des Lehrers.[11] Zu dieser Zeit war es nicht ungewöhnlich, bei sechs oder sieben verschiedenen Tutoren zu studieren – einer für jedes Fach. Der Lehrer wurde, je nach den Möglichkeiten der Familie eines Studenten, mit Geld, Geflügel, Rindern, Schafen, Kleidung oder Dienstleistungen entlohnt.[12]

Zur Blütezeit des Songhai-Reiches soll Timbuktu bis zu 25 000 Studenten beherbergt haben, etwa ein Viertel seiner Bürgerschaft.[13] Das Niveau der Lehre war vergleichbar mit dem vieler Bildungszentren in Nordafrika und dem Mittleren Osten. Es heißt, dass einmal ein Professor in Timbuktu eintraf, der hier lehren wollte. Nachdem er aber an einer Diskussion mit einigen Studenten teilgenommen und ihr Niveau erkannt hatte, beschloss er – nun bescheidener –, selbst Student zu werden.[14]

In den Handschriftensammlungen von Timbuktu finden sich auch Abhandlungen über Lehrmethoden. Diese enthalten Beiträge über die Methoden, lesen zu lernen, Ratschläge zur Gedächtnisverbesserung, Anregungen zum Lehrstoff und Beschreibungen des idealen Lehrers. Der perfekte Student hingegen sollte folgende Eigenschaften aufweisen:

»Bescheiden, mutig, geduldig und eifrig; er muss seinem Professor genau zuhören und seine Lektionen erst hinreichend verstanden haben, bevor er sie auswendig lernt. Die Studenten müssen lernen, miteinander

zu debattieren, um ihr Verständnis der Materie zu vertiefen. Sie müssen ihrem Lehrer zu jeder Zeit tiefen Respekt und Liebe entgegenbringen, denn das sind die Bedingungen für fachlichen Erfolg.«[15]

DER LEHRPLAN

Die meisten Bücher in den Bibliotheken Timbuktus handeln von der islamischen Religion, viele davon sind importiert, Kopien von importierten Ausgaben oder in lokale Sprachen übersetzt. Es finden sich darunter Koranausgaben, Sammlungen der *Hadith*, Sufi-Schriften, Koranauslegungen sowie Schriften über Theologie, Recht und verwandte Disziplinen. Poesie zum Lob des Propheten und an ihn gerichtete Fürbitten waren ebenfalls weit verbreitet. Im 15. Jahrhundert schufen die Gelehrten Timbuktus sowohl Originaltexte als auch Sammlungen neuer Ableitungen und Kommentare zu etablierten Texten.

Es gab keinen »offiziellen« Lehrplan, aber bestimmte Schriften waren über Generationen hinweg elementar. Der Koran, schon im Kindesalter auswendig gelernt, bildete die Basis. Ebenso regelmäßig wurden die beiden »authentischen« Sammlungen der *Hadith* – die *Sahih al-Bukhari* und die *Sahih Moslem* – studiert sowie die *Kitab al-Shifa* des Almoraviden Qadi Iyad, ein frommes Werk, das vom Propheten handelt. Weitere wichtige Schriften waren die fundamentalen Werke über die malikitische Schule des islamischen Rechts, die auch heute noch zusammen mit ihren mannigfaltigen Kommentaren studiert wird. Im späten 16. Jahrhundert stand den Gelehrten die große zwölfbändige Sammlung malikitischer *Fatwas* aus Nordafrika und Andalusien von Ahmed al-Wansharisi (gestorben 1508) zur Verfügung. Andere Texte der malikitischen Rechtstradition waren unter anderem die *Risala* von Ibn Abi Zaid von Qairawan (gestorben 977) und der *Mukhtasar* von Khalil ibn Ishaq von Alexandria (gestorben 1374).

Aus Ahmed Babas Bericht über seinen eigenen Bildungsweg wissen wir, dass man im 16. Jahrhundert in Timbuktu auch andere Disziplinen

LINKS Eine Kopie des *Dala'il al-Khayrat* aus dem Ahmed-Baba-Institut. (siehe auch Seite 91). Wie ihre Kalligrafie spiegelt auch das geometrische Muster des Umschlags die Einflüsse der Hausa-Kultur.

RECHTS Handschrift mit losem Einband aus der Mohamed-Tahar-Bibliothek. In Timbuktu war es üblich, Handschriften ungebunden zu lassen, sie aber in einem losen Ledereinband einzuschlagen, der oft mit einer Lasche versehen war und mit einer Schnur verschlossen wurde. Manchmal wurden auch mehrere Werke in einem Umschlag verwahrt, was den Archivaren, die heute die alten Werke katalogisieren, mitunter einige Kopfschmerzen bereitet.

studieren konnte, darunter Rhetorik, Logik, Prosodie (Satzrhythmus), Astronomie und natürlich die arabische Grammatik und Syntax. Auch Fachbücher zu vielen Disziplinen wie islamisches Recht, Morphologie, Rhetorik, literarische Analyse, Mathematik (Analysis und Geometrie), Geografie, Philosophie, Botanik, Medizin (Arzneibücher, Heilpflanzen), Astronomie, Astrologie, Mystizismus, Dogmatik, okkulte Wissenschaften, Geomantie und Musik wurden gekauft, kopiert und studiert. Dabei waren auch Texte von außerhalb Westafrikas in Umlauf, einige importiert, andere aus den Bibliotheken von Gelehrten, die sich in der Stadt niedergelassen hatten. Die von den Gelehrten Timbuktus verfassten Werke enthielten umfangreiche Literaturverzeichnisse, und viele dieser Handschriften waren in der ganzen Gegend erhältlich. In seiner Abhandlung über Sklaverei aus dem Jahr 1615 konnte Ahmed Baba aus Ibn Chalduns großem historischen Werk und aus einem Buch über die Äthiopier von al-Suyuti zitieren. Er erstellte sich auch eine eigene Kopie von Ibn Khallikans berühmtem biografischen Lexikon, von der ein Teil immer noch in Timbuktu erhalten geblieben ist. Ende des 16. Jahrhunderts gab der Gelehrte Ahmed b. Anda ag Muhammad eine Kopie des 28-bändigen Lexikons der arabischen Sprache, des *Muhkam*, in Auftrag, das Mitte des 11. Jahrhunderts vom andalusischen Wissenschaftler Ibn Sidah geschrieben worden war. Teile davon werden heute noch in zwei marokkanischen Bibliotheken verwahrt. Wir wissen auch, dass er den achten und gleichzeitig letzten Band von *Sharh al-Ahkam* kaufte. Da er den letzten Band erstand, kann man annehmen, dass er die anderen sieben bereits besaß. Er war ein eifriger Buchsammler und muss sehr viele Handschriften besessen haben, auch wenn seine Bibliothek nie aufgetaucht ist. Sogar in den Dörfern entlang des Niger konnte man wichtige Werke finden. Ibn Battuta berichtet, wie ihn in einem kleinen Ort am Fluss sein Gastgeber in seinen Versammlungsraum führte. Hier gab es »viele Waffen – Schilde, Bogen und Speere – ebenso wie eine Kopie der *Kitab al-Mudhish* von Ibn al-Jawzi«.[16]

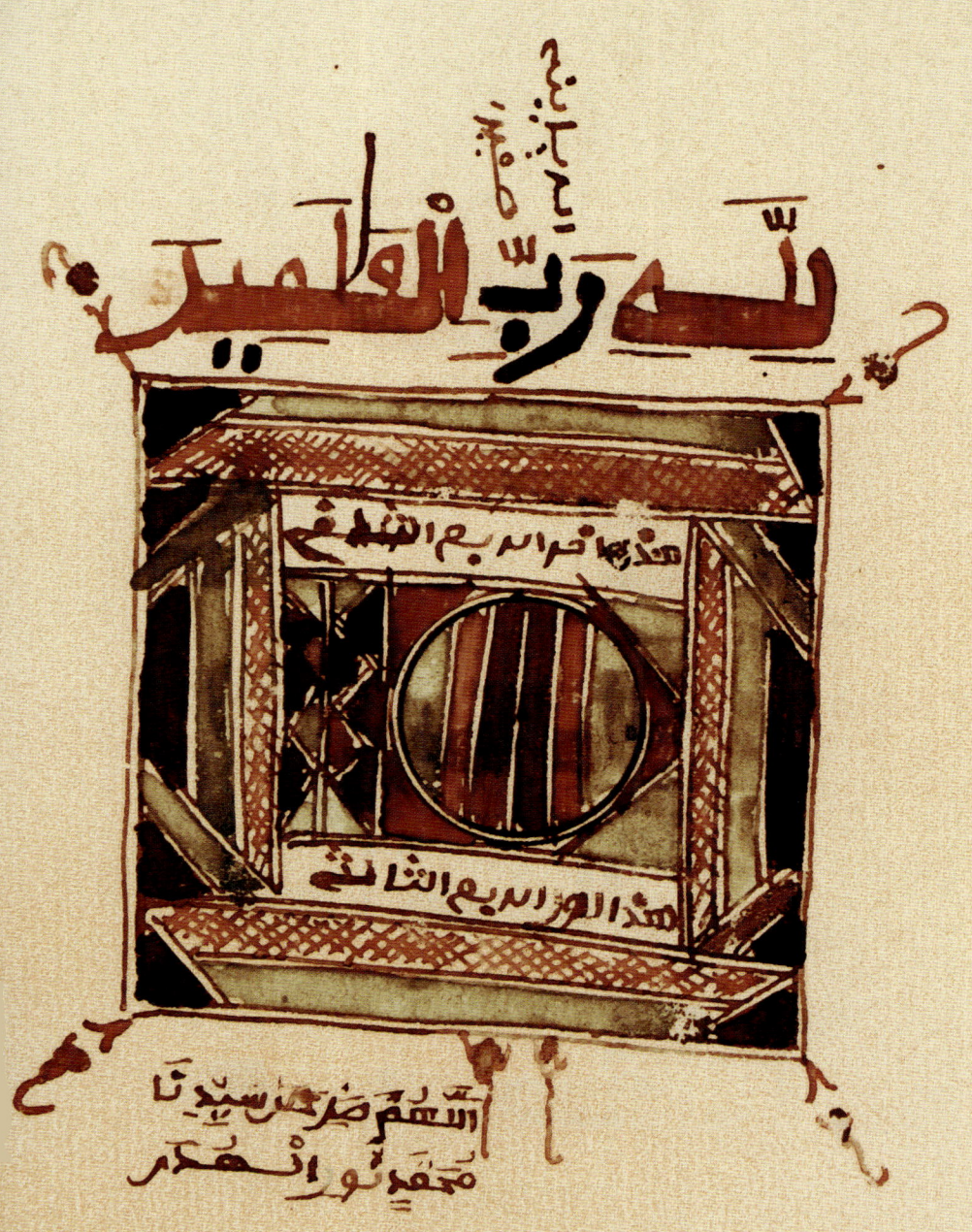

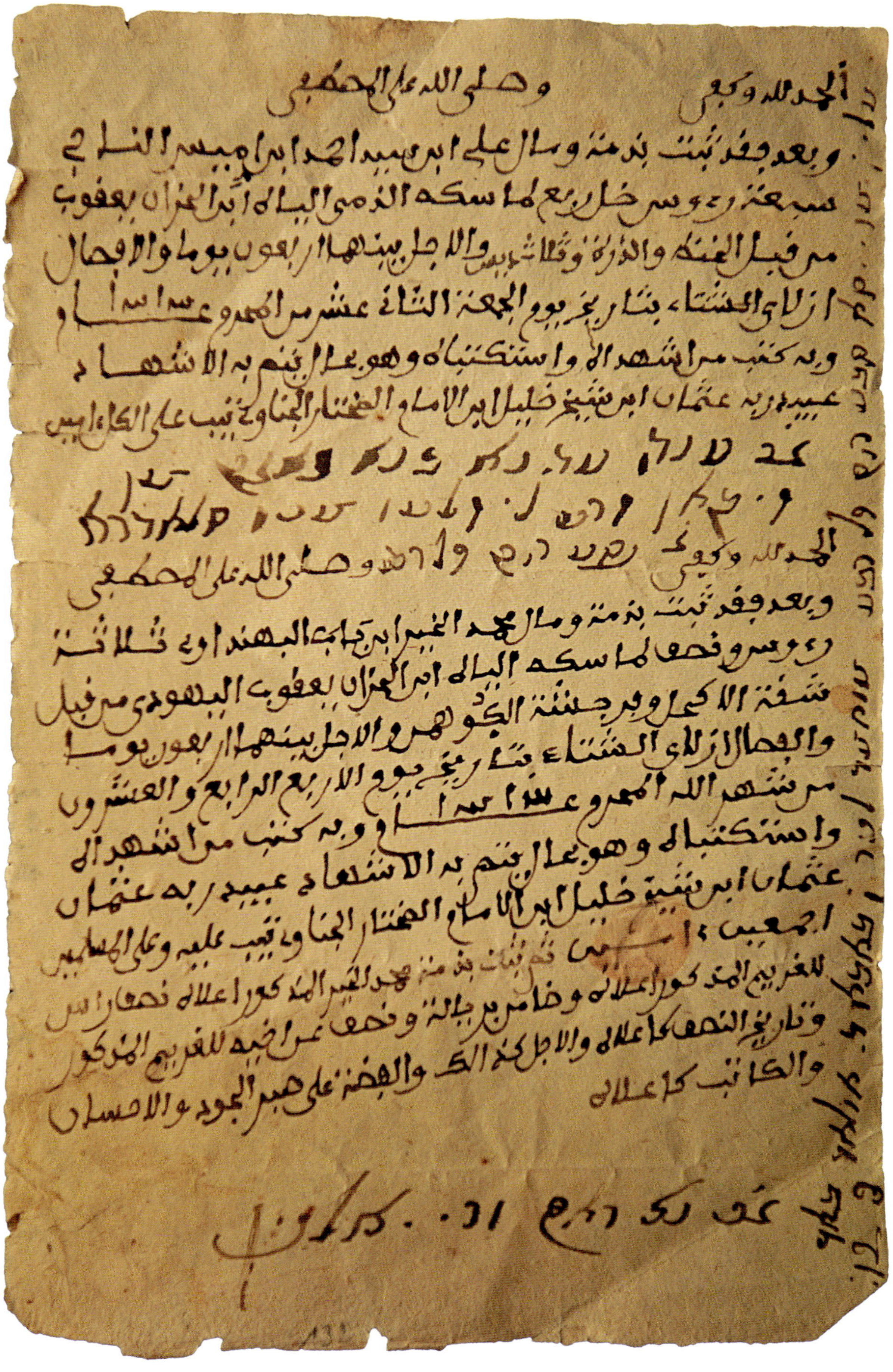

الحمد لله وكفى وصلى الله على المصطفى

وبعد وقد ثبت بذمته وسأل علي ابن سعيد احمد ابن ميس النـ... ح
سبعة وعسر حال ربع لما سكه الذهب البالة ابن عمران يعقوب
من قبل العنـ... والذلـ... وثلاث ابيـض والاجل بينهما اربعون يوما والافصال
از لاى الشتاء بتاريخ يوم الجمعة الثاني عشر من المحرم عـ... اسا...
وبه كتب من اشهد الـ... واستكتباه وهو بحال يتم به الاشهـاد
عبيد ربه عثمان ابن بتية خليل ابن الامام المختار الجناوى نيب على الكاء ايس

<المقطع العبري>

الحمد لله وكفى رحيب درى والله وصلى الله على المصطفى

وبعد وقد ثبت بذمته ومال محمد الخبير ابن كاتب البهندلاوى ثلائـز
شفة الاكعل وبرحننة الجوهر والاجل بينهما اربعون يوما
والافصال از لاى الشتاء بتاريخ يوم الاربع والعشرون
واستكتباه وهو بحال يتم به الاشعـاد عبيد ربه عثمان
عثمان ابن بتية خليل ابن الامام المختار الجناوى نيب عليه وعلى المسلمين
اجمعين ؛ امـ...
وتاريخ النصف كاعلاه والاجل كذلك وخف عمراضيه للغريم المذكور
والكاتب كاعلاه والفض على جبر الجود والاحسان

<نص عبري>

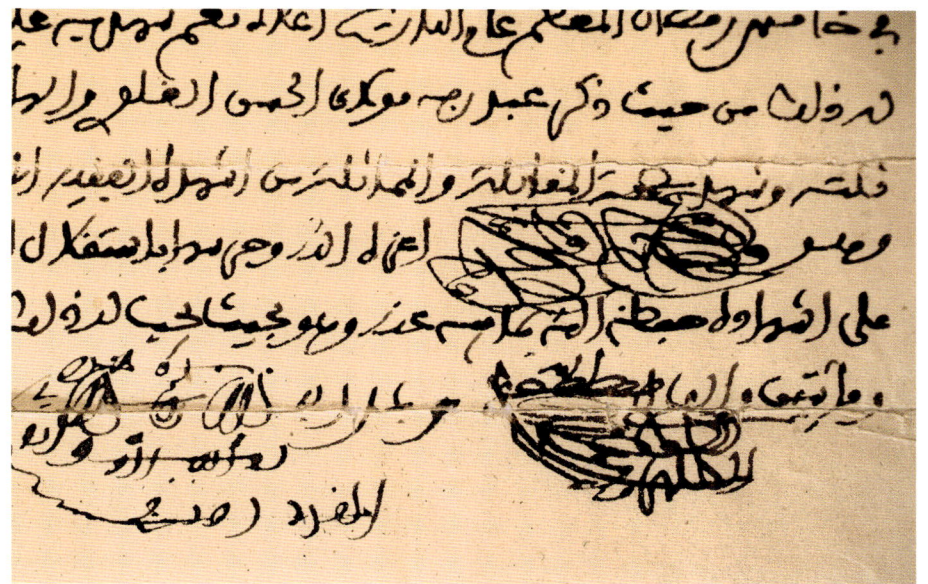

Viele der Bücher Timbuktus gingen auf arabische Übersetzungen antiker griechischer oder persischer Texte zurück, darunter auch Schriften des griechischen Astronomen Ptolomäus, der Philosophen Platon und Aristoteles, des persischen Arztes, Philosophen und Gelehrten Avicenna (Ibn Sina, 980–1037) sowie des griechischen »Vaters der Medizin« Hippokrates. Während Heinrich Barths Reisen zeigte ihm al-Baqqai al-Kunti eine Kopie der arabischen Hippokrates-Übersetzung, die als ein Geschenk des britischen Forschers Captain Clapperton nach Westafrika gekommen war. »[Al-Baqqai] entnahm seiner kleinen Bibliothek die arabische Version des Hippokrates, die er sehr schätzte, und war gespannt auf Informationen zur Identität der Pflanzen, die von den arabischen Autoren erwähnt werden.«[17]

GROSSE INHALTSFÜLLE

Arabische Schriften über Westafrika decken alle Aspekte des Lebens und der intellektuellen Bestrebungen in der Gegend ab. Die verbliebenen Handschriften reichen von kleinen Notizen auf einer einzelnen Seite bis zu Bänden mit mehr als 400 Seiten. Sie lassen sich in zwei Kategorien unterteilen: Texte mit »literarischem« Charakter wie religiöse Abhandlungen, Chroniken und Gedichte, die einem Autor zugeordnet werden können, und dokumentarische Texte wie Briefe, Verträge und kaufmännische Dokumente, insbesondere Schriftstücke, die sich auf Eigentumsrechte, den regionalen und den Transsahara-Handel sowie auf die Sklaverei beziehen.[18] Zwischen diesen beiden Kategorien finden sich offizielle Rechtsgutachten (*Fatwas*) und Berichte (*Risalas*), oftmals über sehr spezielle Themen und an spezifische Leser oder Gruppen gerichtet.

Ein typisches Wirtschaftsdokument enthielt eine Ankündigung wie diese: »Lasset alle, die dieses Dokument lesen, wissen ...« Dann nannte der Autor den Namen des Käufers wie des Verkäufers, beschrieb detailliert die Handelsware, erklärte die Rechtsgültigkeit des Verkaufs und bestätigte, dass der Käufer den vollen Preis entrichtet hatte. Im Dokument wurden

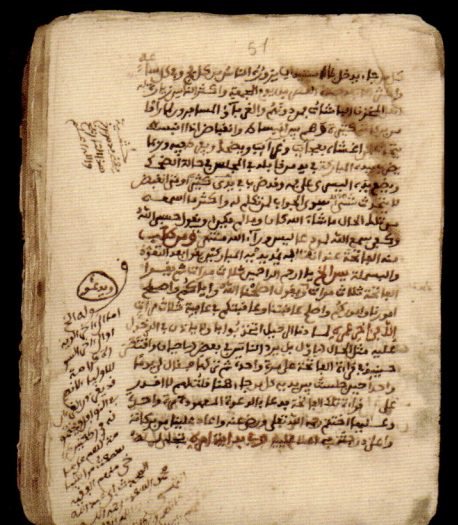

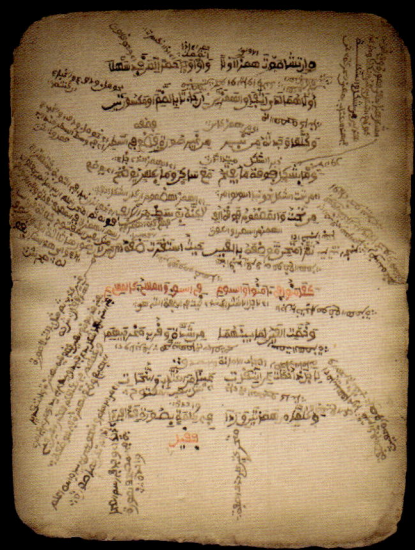

dann noch der Name des Verfassers und das Datum aufgeführt. In vielen Dokumenten wurde zudem bestätigt, dass beide Vertragsparteien legal handlungsfähig, frei von Zwang und im vollen Besitz ihrer geistigen Kräfte waren und die Transaktion dem islamischen Recht, der Scharia, entsprach. Die Formel »Gepriesen sei Gott und der Prophet sei gesegnet« eröffnete und beschloss das Dokument.

Unter den von Timbuktus Gelehrten verfassten Werken waren Chroniken (*Tarikh*), Korrespondenz, Gedichte, Rechtsgutachten (*Fatwa*), Kommentare und Anmerkungen. Mitte des 19. Jahrhunderts tauchen auch polemische Schriften auf, hauptsächlich zur Rivalität zwischen den Sufi-Orden der *Qadiriyya* und der *Tijaniyya*. Angriffe auf den Sufismus als Ganzes erscheinen erst 100 Jahre später, als der saudi-arabische Einfluss auf das muslimische Afrika antisufistische Regungen förderte.

Bei der Klassifizierung von Handschriften kann es schwierig sein, zwischen Büchern und Korrespondenz zu unterscheiden, da einige Briefe sehr lang sind, wie al-Baqqai al-Kuntis 482 Seiten langer Brief an Akansus, einen früheren marokkanischen Kulturminister. Diese Tradition der ausführlichen Korrespondenz hielt sich bis ins 20. Jahrhundert.[19]

RANDBEMERKUNGEN

Gelehrte aus Timbuktu machten oft Notizen an die Ränder von Handschriften. Dabei handelt es sich entweder um Kommentare zum Originaltext oder um Notizen, die keinen Bezug zum Text aufweisen, sondern in denen der Verfasser den Seitenrand nutzte, um Ereignisse festzuhalten, vermutlich weil es zu wenig Papier gab. Einige Texte wurden von einem oder von mehreren Autoren umfangreich kommentiert. Manchmal notierten die Leser nur banale Merkhilfen – »Heute las ich bis zu dieser Seite ... und dann kam Soundso, um sich das Werk auszuleihen« –, aber manchmal enthalten diese Notizen auch einige der bedeutendsten historischen Informationen über die Region.

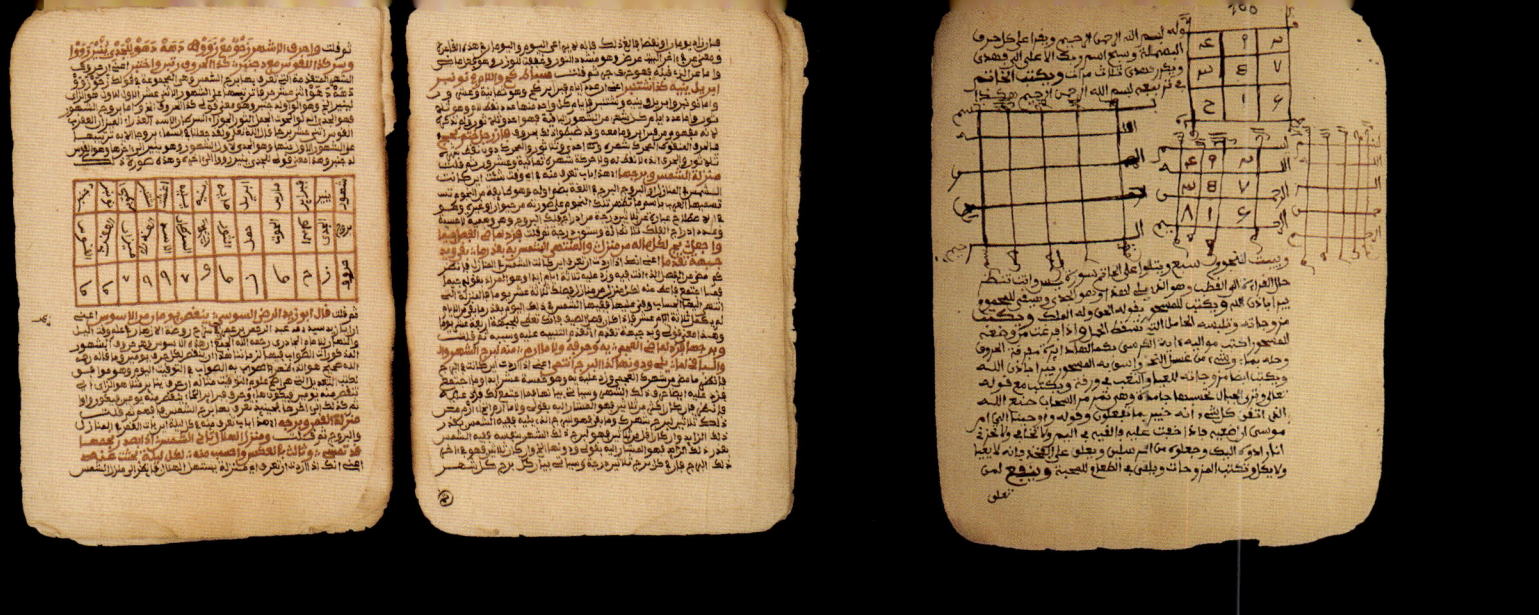

Vielleicht eine der wichtigsten Wiederentdeckungen sind die Marginalia, die in vielen Handschriften der Sammlung des Fondo Kati stehen. Nach dem Historiker und Direktor der Bibliothek, Ismael Diadié Haidara, enthalten diese 6162 Notizen aus Andalusien, dem Maghreb und Timbuktu. Einige stammen von Ali bin Ziyad, der Mitte des 15. Jahrhunderts aus Andalusien floh; die meisten aber von seinen Nachfahren. Von den Anmerkungen Alfa Kati Mahmuds[20] betreffen mehr als die Hälfte historische Ereignisse, während sich der Rest auf Medizin, Naturphänomene, Rechtsfragen und Briefe an den Songhai-Herrscher Askiya Muhammad bezieht. Ein sehr interessantes Stück aus der Fondo Kati ist ein Werk über den Propheten Mohammed, das sehr breite Rändern hat. Sein Besitzer nutzte diesen Platz im 16. Jahrhundert, um wichtige Tagesereignisse festzuhalten. An einem Tag berichtet er etwa über schwere Regenfälle, die ein Hochwasser verursachten, im Dezember 1505 spricht er von Feuer am Nachthimmel, was vielleicht auf die Sichtung eines Kometen hinweist. Er notierte auch Neuigkeiten aus dem Leben seiner Mitbürger: in einem Fall eine Heirat, in einem anderen den Tod von Ahmed Babas Großvater im Jahr 1535.

LINKS UND MITTE Seiten aus einem Werk über Astrologie aus der Mamma-Haidara-Bibliothek. Die Tabelle zeigt, welche Tierkreiszeichen welchen Monaten im Jahr entsprechen.

RECHTS Seite aus einem Arzneibuch im Ahmed-Baba-Institut. Obwohl Wissenschaftler in Mali heute führend im Studium der traditionellen Medizin sind und 80 Prozent der Einwohner Malis auch weiterhin auf traditionelle Heilmittel zurückgreifen, wurde die regionale Tradition islamischer Medizin und Pharmakologie bislang nur wenig erforscht.[21]

LITERATUR IN AFRIKANISCHEN SPRACHEN

Zusätzlich zu der im Afrika des Westsudan reichlich vorhandenen islamischen Literatur auf Arabisch wurden auch Werke in afrikanischen Sprachen verfasst – sogenannte *Ajami*-Manuskripte. Darunter sind Schriften in Fulfulde (der Sprache der Fulbe), in Tamashek (der Sprache der Tuareg), in Songhai und Hausa. Sie sind bis heute in den verschiedenen Bibliotheken Timbuktus und im gesamten Gebiet des alten Mali- und des ehemaligen Songhai-Reiches erhalten geblieben.

Die *Ajami*-Manuskripte behandeln alle Gebiete der Wissenschaft – traditionelle Medizin, Pflanzen und ihre Eigenschaften, okkulte Wissenschaften sowie diplomatische Korrespondenz. Man findet aber auch bedeutende poetische Texte, geschrieben in Tamashek, Songhai und Fulfulde.

وقد فتح وإنما جعلت هذا سوادجيدها بعينها
من رخص جبذ هذا والعزم منه شاد تنبيه
وجعلها على رأسه البرائ خيصر سواد اللا
وبعجب عن جميع الم ... فات كلها
...

عجوايد النسر
الفول والنسر مسلوك ك مجودة ان كنت
رس فح الكبد لجمع الحفظ من الشيطان كل وكل رفظ
ان هلك صبى معقيل احفظ من كل ملاجم
وعينه للوجع وزيد المكر لجملا
يده للتعجس وعين السوا وجملة الا الصبيا والبيا
در ازنا لحد البصر يزيد في الشيوب والنظر
نخمه للمسم وسباته ان كنت البانا اريد
جوايه الغراب مما اخذ راسه وترغد وهى
مع الزيت اليسر علانه يسود الشكر ويقويه
والنا ... زنه من ٥ ٠ ٧ ٤ ٠ ح ٣ ٪ ٤ ٠ ٪ ٠ ٤ ٪
٠ ٠ ٧ ٠ ٪ ٤ ٤ ٠ ٤ ٪ ٧ ٧ ٠ ٪ ٠ ٪ ٠ ٤ ٪
٪ ٪ والثالث للكلام الخ يعقون والعين من هم
العمارة وهى سخونه توفطرها العين
فذ واكل العمار باخر الله والله تعلى اعم

Die bekanntesten *Ajami*-Manuskripte in Westafrika sind die der Fulful-de-Literatur von Futa Jallon im heutigen Guinea und die Hausa- und Ful-fulde-Manuskripte von Sokoto im nördlichen Nigeria.[22] Besonders gegen Ende des 19. und zu Beginn des 20. Jahrhunderts war diese Sprache bei den Autoren sehr beliebt, hauptsächlich weil sie die Verbreitung des Islam unter den des Arabischen unkundigen Menschen förderte. Fulbe-Gelehrte schrieben Werke in islamischen Disziplinen wie Recht, Mystik, Gramma-tik, Theologie, okkulte Wissenschaften und Arzneibücher ebenso wie in Geschichte oder Literatur. Der Fulbe-Herrscher Séku Ahmadou selbst ver-fasste eine Schrift, in der er neue Sitten der Bewohner des Westsudan anprangert, darunter die Ernennung eines nicht qualifizierten *Muezzin*, den Verkauf von sehr teurer und opulenter Kleidung sowie das Begräbnis von Verstorbenen in Moscheen. Viele afrikanische Sprachen wurden zeit-weilig mit leicht abgewandelten Formen der arabischen Schrift geschrie-ben, obwohl dies seit der Kolonialzeit größtenteils zugunsten der lateini-schen Schrift aufgegeben wurde. Auch finden sich in von Muslimen gesprochenen westafrikanischen Sprachen viele arabische Lehnwörter. Viele historische Handschriften sind in einem Arabisch verfasst, das sogar für ausgewiesene arabische Gelehrte nur schwer zu verstehen ist, wenn sie nicht auch die Sprache des Autors beherrschen und dessen kulturelles Umfeld kennen.[23]

TIMBUKTUS KOPIERGEWERBE

Bücher wurden nicht nur nach Timbuktu importiert, sondern dort auch kopiert, und es war vor allem dieser Tradition des Kopierens zu verdanken, dass die Gelehrten ihre Bibliotheken bestücken konnten. Im 16. Jahrhun-dert bemerkte Leo Africanus mit einigem Erstaunen, dass einige Werke europäischen Ursprungs in Gao vier- oder fünfmal so teuer waren wie in Europa. Zweifellos waren vor Ort hergestellte Handschriften immer billi-ger als mühsam durch die Sahara transportierte.

LINKS Dokument in Tamashek, der Sprache der Tuareg, die ihr *Tifinagh-Alphabet* verwenden. Aus der Mamma-Haidara-Bibliothek

OBEN LINKS UND MITTE *Über das Wissen der Sterne*, aus der Mamma-Haidara-Biblio-thek. Das Wissen um den Lauf der Sterne war für die Navigation durch die Wüste und für die Berechnung der Jahreszeiten ebenso unabdingbar wie für die Astrolo-gie. Dieses Werk wurde 1731 von Musa b. Muhammad b. al-Hasane al-Kansusi kopiert.

OBEN RECHTS Eine Handschrift über Astronomie aus derMaigala/Almoustapha-Konaté-Bibliothek. Die islamische Astro-nomie basierte auf den Werken antiker Gelehrter wie Ptolomäus, denen die muslimischen Gelehrten ihre eigenen Entdeckungen hinzufügten.

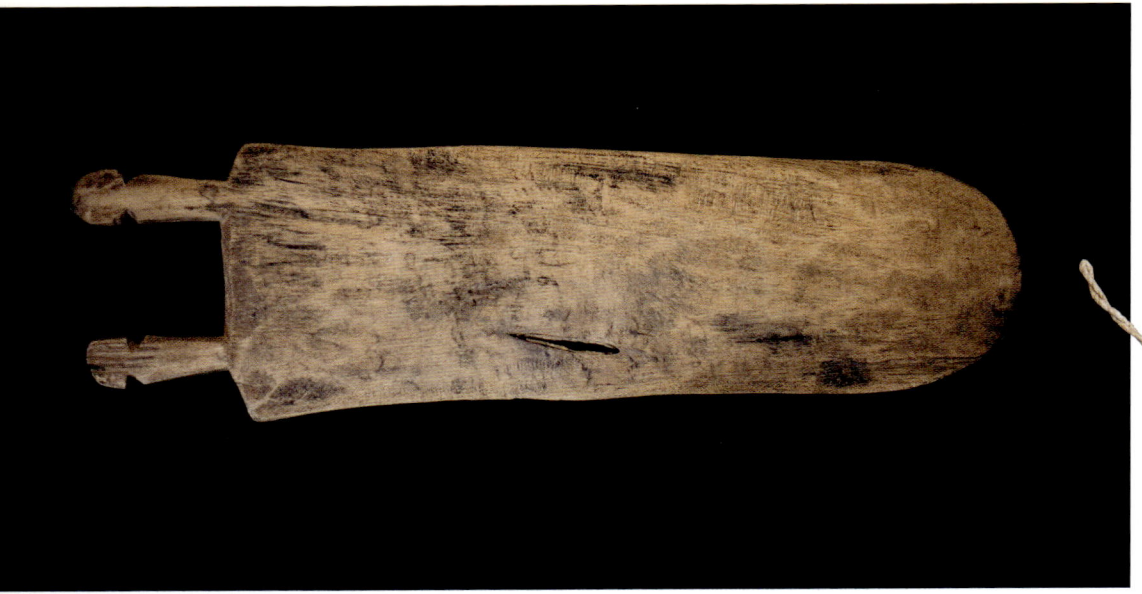

LINKS Eine hölzerne Platte, auf der man Koranverse notierte, um sie auswendig zu lernen. Solche Täfelchen werden heute noch von den Koranschülern in Mali verwendet.

RECHTS Dieses Brett mit daran angebrachten Schnüren wurde von Schreibern und Kopisten benutzt, um die Zeilen gerade zu halten. Die Schnur wurde gegen das Papier gepresst, damit sich die Linien leicht abdrückten.

Die Kopiergewerbe in Timbuktu scheint umfangreich und gut organisiert gewesen zu sein. Wir wissen das aus Kolophonen, die im 16. Jahrhundert und später entstanden. Diese Inschriften am Ende eines Buches nennen nicht nur den Titel und den Autor, sondern auch das Datum, an dem eine Handschriftenkopie fertiggestellt wurde, und die Namen der Kopisten. Manchmal sind noch weitere Namen aufgeführt, darunter die der »Korrektoren«, der »Vokalisierer«[24] und ihres Arbeitgebers. Es konnte auch derjenige verzeichnet sein, für den die Handschrift kopiert und der Preis bezahlt wurde, desjenigen, der das Papier lieferte, und die Daten von Beginn und Fertigstellung der Kopie, woran abgelesen werden kann, wie lange man für das gesamte Werk brauchte. Solche Kolophone stellen eine Art Arbeitsvertrag dar und zeigen, dass das Kopieren gewerblich betrieben wurde. Die Schreiber arbeiteten Vollzeit, um die Verträge einzuhalten, und kopierten circa 140 Textzeilen pro Tag, während die »Korrektoren« sich durch rund 170 Zeilen am Tag arbeiteten.

In zwei Bänden des 28-bändigen *Muhkam* von Ibn Sidah, die von Ahmed b. Anda ag Muhammad in Auftrag gegeben wurden, finden sich bemerkenswerte Hinweise auf das Kopiergewerbe des späten 16. Jahrhunderts. Sie enthalten eine zweite Schlussschrift, in der der Korrektor vermerkt, dass er die Richtigkeit geprüft hat und dass er bezahlt worden ist. Der Kopist erhielt 1 Mithqal Gold pro Band, der »Korrektor« die Hälfte.

KALLIGRAFISCHE TRADITIONEN WESTAFRIKAS

Arabisch war für tausend Jahre bis zur Kolonialzeit die Hauptschriftsprache in Westafrika, und die Formen der arabischen Schrift, die hier verwendet wurden, stammen alle von nordafrikanischen oder andalusischen Handschriften ab. Bei der Analyse und der Klassifizierung dieser verschiedenen Schriften ist noch viel zu tun. Die verschiedenen Typen der Kalligrafie aber, die in Timbuktu unter anderem auch in importierten Manuskripten gefunden wurden, lassen sich in folgende Kategorien einteilen:

LINKS Ein Tintenfass und ein Stein, um die Schreibfedern zu schärfen (*Calem*)

RECHTS Kalligrafiefedern oder *Calem*

- Östliche (orientalische) Kalligrafie (Naskhi, Thuluth, Riq'a etc.), die von Kalligrafen des Mittleren Ostens und deren Studenten verwendet wurde. Sie ist gekennzeichnet durch die Schlichtheit ihrer Buchstaben.
- Maghrebinische und andalusische Kalligrafie (Mabsut, Mujawar und Zemmami), die von den Marokkanern und ihren Schülern benutzt wurde. Diese unterscheidet sich vor allem in der Platzierung der Punkte auf bestimmten arabischen Buchstaben.
- Sahara-Kalligrafie (Sahrawi), wie sie die Mauren nutzten. Sie ist charakterisiert durch ihre Kantigkeit, mit ungewöhnlichen Höhen bei bestimmten Buchstaben wie einer übertriebenen Dehnung anderer.
- Suqi- oder Sanhaja-Kalligrafie, die von den Berbern verwendet wurde. Ein markanter Stil, der mit den Weisen der Kel al-Suq verbunden wird.
- Sudanesische Kalligrafie (Sudani), die möglicherweise aus der maghrebinischen Kalligrafie, mit einigem Einfluss der alten kufischen Schrift, hervorging. Sie wurde von den Songhai, Fulbe, Tukulor, Soninke, Wolof und Hausa benutzt und ist geprägt von dicken Buchstaben.
- Kufisch, ein rechteckiger, geometrischer Stil, wurde von frühen Schreibern für die ersten Koranausgaben verwendet sowie für Inschriften auf Steinen. In Westafrika wurde damit oft das Wort *Askiya* geschrieben.[25]

DIE BINDUNG DER MANUSKRIPTE UND DIE MATERIALIEN

Westafrikanische Handschriften wurden im Allgemeinen nicht gebunden, sondern bestanden aus losen, unpaginierten Blättern (Folios), die in Lederdeckblätter eingeschlagen oder, in moderner Zeit, von einem Karton geschützt werden. Im Mittleren Osten brachte der Käufer einer Handschrift diese traditionellerweise zu einem Buchbinder seiner Wahl, sodass Handschriften, die im Ausland gekauft wurden, oft ungebunden blieben. Westafrikaner beließen sie typischerweise so, vielleicht um die Lehre zu erleichtern, denn so konnten verschiedene Seiten gleichzeitig an mehrere Studenten verteilt werden. Oftmals sind die Seiten weder nummeriert,

RECHTS Schmale Lederbeutel wie dieser wurden für den Transport von wichtigen Büchern oder Dokumenten verwendet. Manchmal hängte man ihn sich einfach um den Hals.

noch weisen sie Stichwörter (*Raqqas*) auf oder ein Wort am Ende einer Seite, das am Anfang der nächsten wiederholt wird, was dem Leser ebenfalls helfen könnte, die korrekte Seitenfolge auszumachen. Dennoch wurden die Handschriften in Ordnung gehalten, was für die Sorgfalt und das Können der Gelehrten und der Schüler spricht, die diese Texte auswendig lernten. Schriften wie den Koran, die viel herumgetragen wurden, verpackte man oft in kleinen Beuteln, die man sich um den Hals hängte oder in eine Tasche packte.

Wasserzeichen können oft Hinweise darauf geben, wann eine bestimmte Handschrift kopiert worden sein könnte. Aus der sparsamen Ausführung der Wasserzeichen und dem anzunehmenden Handelsweg nach Westafrika lässt sich schließen, dass Papier aus Norditalien, der Normandie, Marokko, Andalusien und vermutlich Ägypten eingeführt wurde. Berichte aus Tlemcen lassen erkennen, dass die muslimischen Gelehrten in großer Sorge darüber waren, sie könnten Papier verwenden, das als Wasserzeichen christliche Symbole trug.[26] Als man im Mittelmeerraum begann, Papier aus gebleichten und gefärbten Lumpen herzustellen, enthielten diese so viele Chemikalien, dass das Papier binnen weniger Hundert Jahre zerfiel. Deswegen handelt es sich bei vielen der heute noch existierenden Handschriften um Kopien früherer Werke, die erstellt wurden, als sich die älteren Papiere auflösten. Obwohl die meisten Handschriften auf Papier geschrieben wurden, hat man gelegentlich auch Pergament aus den Häuten von Schafen, Ziegen und Gazellen verwendet, das entweder aus Marokko importiert oder vor Ort hergestellt wurde. Heinrich Barth berichtet, dass Papier zu den begehrtesten Artikeln in der Region zählte: »All diese Menschen, die über ein Minimum an Bildung verfügen und sich rühmen, ein paar Sätze aus dem Koran schreiben zu können, sind extrem bestrebt, einige Stücke Papier zu ergattern, und ich war froh, noch in der Lage zu sein ..., einige unbedeutende Geschenke dieser Art hergeben zu können.«[27]

III Timbuktus Manuskripte

وكانت الذربيعة ... جروا ... جعلوا ال...

ونزلوا عليها ويكثوا ... خمسة اشهر ... جعلوا الارض

جمعهم الرعاة ... العذر ... مر دخلنا ... وطال ...

لمحمد والوصول ... بعد عبد ... على الارض ... عمل

بين رمضان ... الكامل ... ... يوم ...

وفي آخر واحد ... الكامل ... ويوم الثلاثاء ...

والعشر بين شا ... محمد ... احمد مسلم ... الغائب ...

اسقاط ... ... القاضي ... سعد ...

... عبد القادر ... احد المذكور والكا ...

على الكاتب ... مر ... على اهل ... وطعم

... يوم لا شيء ... الكاتب ... من ... القعدة ورد الكتاب

... الكاتب منصور بن عبد الله ... ميلادا وردوا

... الكتب وتولى ابنه مولاي العباس ... الله ...

... ... الوزير ... لم يبخل ... بينا وقد ...

... طالب توفيق ... الحج الى ... على ...

... الكبير ... على ... المرور والحسن ... وطلب

... وجيش ... بن جوار ... وطال ...

من بحر والتمدير يخيف الله الكبير النعال وجعلنا على منصور الوط
بعون الله والغدوير الوطا باشرعنا ه اتباع اقتدأ بعوالخاسر
الظالم العاجي والعرشينما فير لله نصر خش بلل نقطع الحكمة
وإجا ما وقعنشد عن منوا حزانما وبلعد ارض الى ارض يجذرنا
ربع من بعض حتى وصل بنا السبى الى السبع الجبل بعنا يقمن بهو
الفوة والجبل وسلكنا وسلكاها سلكما احد قبلنا لامولا سلاب
والامر لا خلاف مصر جبل الارباب ما من شار فها وغا رها سراحب
هنبى وه عنكل وميلى ما جا بوا عونتا وانا بوا الشكوتنا
حتى انصلت لراجابية لطاجب كررا وغيره جنزلوا النباوجفروا
لدينا مد عشير ا غنيس بزاللمين هوار بين يتعبد والبولا نسلمته
نصى وإسه تعلى السمع والكاعته وقالوا اكل هلا ريم منا مولخدنة
بالبيتها عتة السماعة وتببروا وامن جميع العدا منا وقلعوا امر نثابج
كل بعروة الاعرى كاعتنا بكليروا امنا داعا ب على معجتمى
ولا دمع بيا علينا وفي ذلل ديالعمرو والبيتئر ة بنهضا فينا
موم بيرلا أو لا يقبتوا لنا سى دا خذنا جل اثرى حتى غا رينا ة
خذوا خذر هم منكم للالحب بروة وغارة وضيغر اضوم من الخي
لكم وليباوتصم اوبه كننة ويبي المدى داوحيد انتغروعنه الكلاه
واتباعهم وتفشتت حموسه تك ومنا اعمروخ عليب بذلط
الغار الاعسود والنشور جيضنا المريو المنصور وها هنا
لما توفد عيهم من بعض الحزية والجراة جابن فير لشكوانهم لا يعمل
اعتا فن عبدا فى نيارم وتعا البهم خف انتغرا ب عنتها لا لعام

الله ص على رسول

سيدنا محمد وهو الأرواح

على الأجساد وهو الأجساد

وهل قبره وهو في القبور

وهل آله وصحبه

وسلم اللهم صل على سيدنا
محمد كلما ذكره الذاكرون

وسلم اللهم صل على

سيدنا محمد كما

ذكره الذاكرون

اللهم صل على سيدنا

محمد كما انجبر

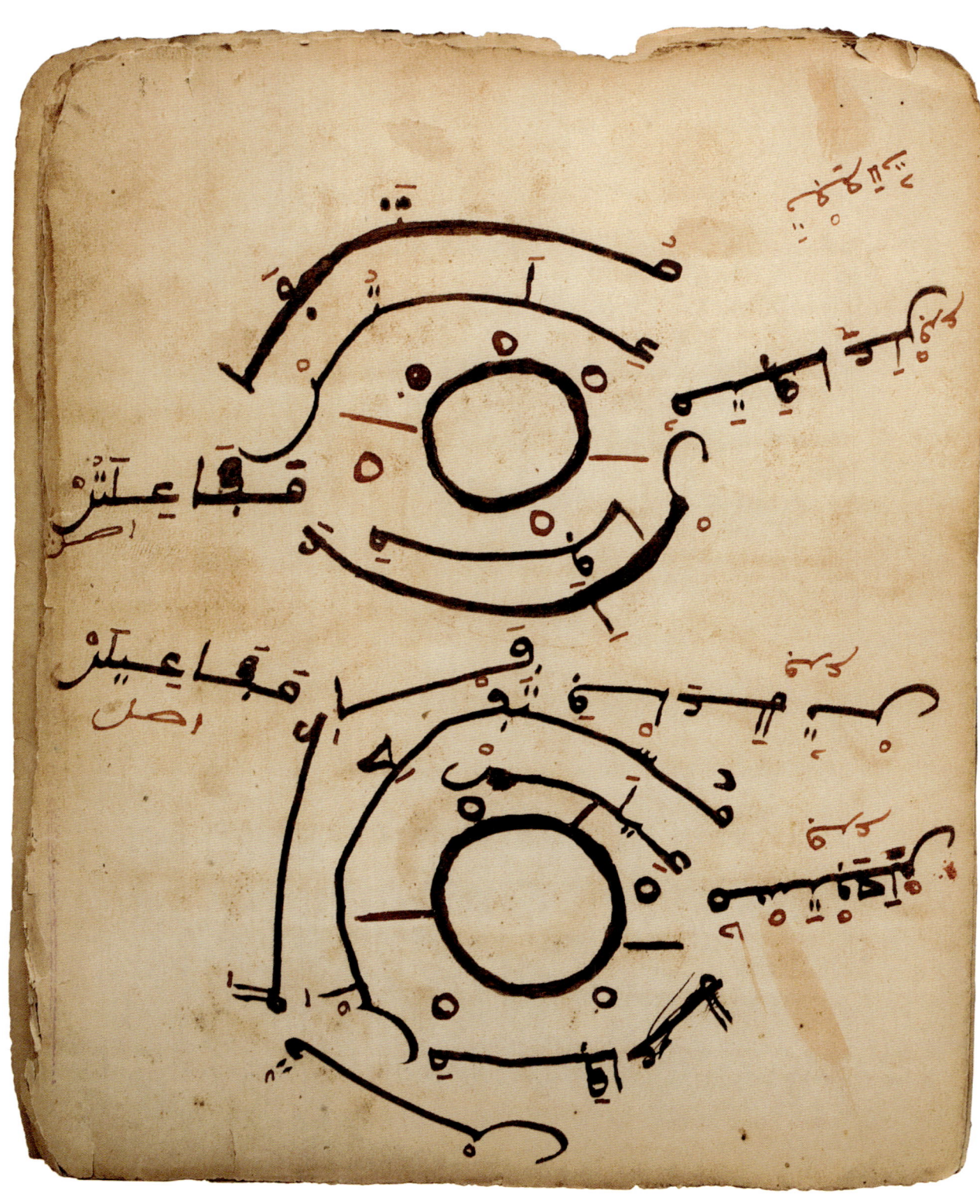

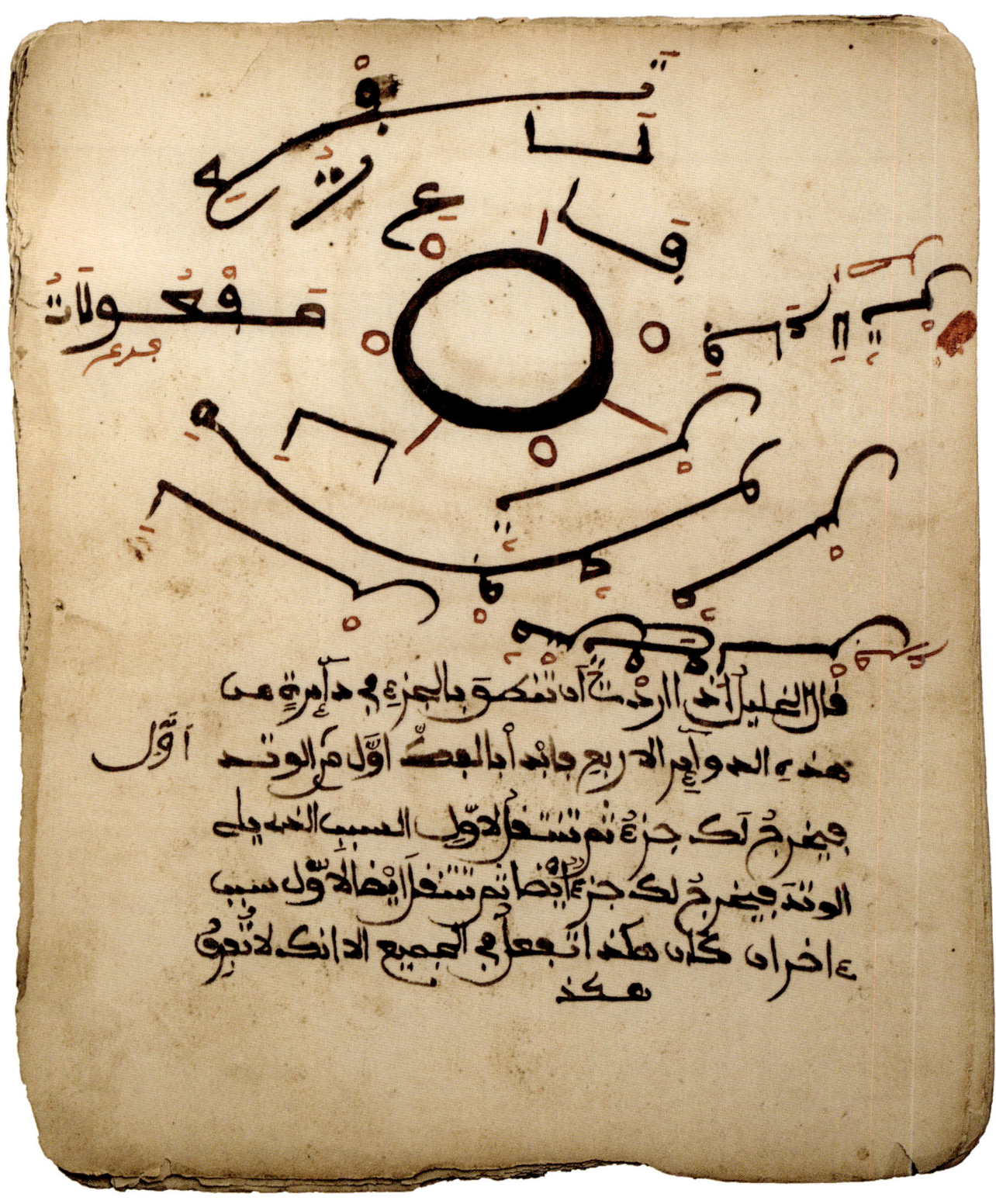

Manuskript aus der Mamma-Haidara-Bibliothek, das die berühmten Kreise des al-Khalil ibn Ahmad zeigt, eines Philologen, der im späten 8. Jahrhundert in Basra im Irak starb. Al-Khalil wird die Gründung der Wissenschaft der Prosodie zugeschrieben, die sich mit Versmaßen und dem Versbau beschäftigt. Da alle Versmaße in der traditionellen arabischen Poesie aus einer Abfolge von entweder einer langen und zwei kurzen oder einer kurzen und einer langen Silbe bestehen, zeigte al-Khalil, dass man sie in Gruppen rund um einen Kreis arrangiert darstellen kann, wo-

bei jedes Versmaß an einem anderen Punkt beginnt. Dieses Hilfsmittel wurde von anderen Gelehrten oft wieder aufgegriffen. Das Lesen und Verfassen von Poesie war ein wichtiger Bestandteil der Kultur in Timbuktu, wo man hingebungsvolle Verse an den Propheten, bewundernde Zeilen für eine Frau oder einen Mann und sogar Gedichte über Tee finden kann. Auch bei Todesfällen wurden oft Gedichte geschrieben und dann auf der Beerdigung verlesen. Werke über Grammatik und Recht dichtete man um, um das Lernen zu erleichtern.

فصل الارم تجلاً عاًيب او شئمت تخبه فاكتبه ما باتي جب
صحيحة من غداين دنلي من البرجان هبدلا ويعترارو عا هورد وساعة
الزهدها د ويومها واح فنتها سركار لبيتة اركان عيرا واركالى يشأ
بـ الارم متوسطة وفهمهما تاقوبة القصل الزراءانت فيهم وتوكل
خاجع الثاقوبة هيهما جود ونتفج فطل الثوا بد فانى يضفى
اذا امضى فه رمساقة المكل يهمرقة الله تعا وهر ما انكتبه

فصل فزوال الكحال مرتكب بوزنه ويضعها

بوزن الكحال من جوف القيصرين خذ مغلفة وضح فيها قليلا
من الرماد ومنح يود الى ماء جمرة ثارتينح المغلفة فوق
الصليبي فان النار يحضر فيها صاحب الكحال اخرجوه من
مخلقها عارض المنتفاعة الى بعض ولود حبين دار الكحال
ثم بمكث تغمرها حتى يتفطح وينزل خخ الغايه وبهما صا
حنه وهذا ما تكتب هذه الداير

من محمد بن احمد البكري محمد بن المختار بن احمد الى الشيخ الحاج عمر
ابن سعيد العلو ناوى سلام منا اليك وبعد جاء ن رسولى اليك
كتابك وكلامك لما اندلع تفهم جواب كتاب نقبلوا اليهم علم اد دنعنى
ذالك عندك ولم اجد له معنى عندى يحسن منك او لا يحسن عنك لا اذك لانت
بيني وبين موسى وموصريا دفتح الكلام بينهم كفتح الوطا بينهما و ذالك
كله من فتح ما امر الله بها بسط وابسط وايبطا الكلام بشتاقيه ان تعلمى وضيع
كلها بوجوه البحر وفرقا الخفو لموسى انت على علم علم الله علمه الله لا اعلمه
رسول الله ومعطبه وكليمه وانه فرا عها النورية منها على ملك ة
وامر التوارق وذ الدا انج ما خابه لهم واصفاء لهم على مفول وابنة ولا امر واحد
وكلما بعلب ملح يج منهم لا يخالفنهم بعاد تهم بطوع وابا لا وابعلوصى
ذالك سيب كتب اهم اليك واما نعليعك لسلام بالسلامة علا و انشك

بسم الله الرحمن الرحيم

باب و من اراد لا يموت

اصبى و لا يكون يتد اود

يموت حيا نكتب اسم الله

د عطمر و علفه ٢ على الح برمو

العمر و لا ينطا ان شك الله ان

الله اصطفر لكم الت يب

و لا تموتن الا وا نتم

مسلمون تهت

و من اراد ب يقر بيا الرجا الخسا

هنده الا سما و جعله من الحمة و

نكتب الكلب نرحبا ف ٩ ٩ ٩ ٩

و طب ك هبعس براهم

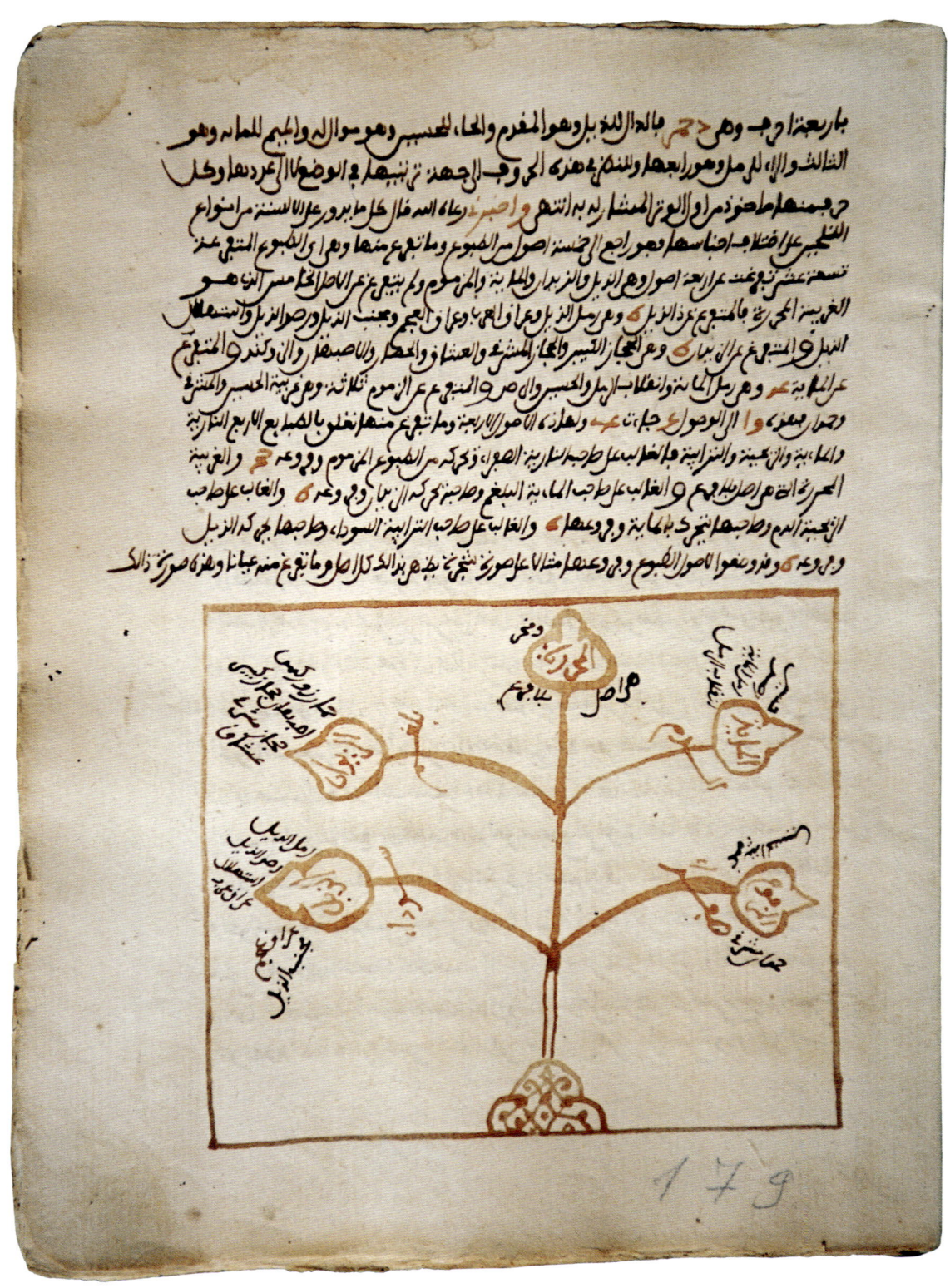

الم

سورة البقرة مدنية

بسم الله الرحمن الرحيم

الم ذلك الكتاب لا ريب فيه هدى للمتقين الذين يؤمنون بالغيب ويقيمون الصلوة ومما رزقناهم ينفقون والذين يؤمنون بما أنزل إليك وما أنزل من قبلك وبالاخرة هم يوقنون اولئك

أعوذ بالله من الشيطان الرجيم
سورة الفاتحة مكية

بسم الله الرحمـ ـن الرحيم

الحمد لله رب العلمين الرحمـ ـن

الرحيم ملك يوم الدين إياك

نعبد وإياك نستعين اهدنا

الصرط المستقيم صرط

الذين أنعمت عليهم غير

المغضوب عليهم ولا

ولاه التي والمجد السدس
وله وم المال العيل الدخت
بالصدق نعا تة ثم جمع البقا
سمي الحد وقسم جميع يد
نهما على ثلثه لسماو النفس
لو وتبلغ سبعة وعشرين سهما

ت جعل من الحرايم

النجم لله لحوصل جاء الانتصيب الدارايه
يعصيها و صار كاذفت ما ار وانكسر
علي الاربعة لابطلو ربيع الثلثة بالاربعة
جلا جرا نيس مع الاذفت الواحد لة وقرب
ثلاثة ة تسعة وتسعة ثلاثة ثلثة
وتبلغ سبعة و عشرين سهما و
الى المسعلة عول وانكسار لا اصلها
سنة اعمل الى تسعة نما انكسرت
الى سبعة و عشرين ة يكال كا من
لة نصيح و بازخة منة عدادة ثلث مرات
الزوج لة ثلثة بازخة تسعة وللاو
انثان فيط خة ستة وذى انثا عشر
للجح والاخت لاذ طرفنا خط الم
نصيب الثلث الملاذفت اربعة
وللنجم والنفان ثمانية

SEITE 114/115 Die Anfangsverse des Koran aus der Al-Wangari-Bibliothek, kopiert in maghrebinischer Schönschrift: »Im Namen des barmherzigen und gnädigen Gottes. Lob sei Gott, dem Herrn der Menschen in aller Welt, dem Barmherzigen und Gnädigen, der am Tag des Gerichts regiert. Dir dienen wir und dich bitten wir um Hilfe. Führe uns den geraden Weg, den Weg derer, denen du Gnade erwiesen hast, nicht derer, die deinem Zorn verfallen sind und irregehen. Amen.«

LINKS Als dem Kommentator dieser Handschrift aus der Al-Wangari-Bibliothek an den Rändern der Platz ausging, schrieb er seine Anmerkungen auf ein separates Stück Papier und befestigte dieses mit einer Schnur.

OBEN *Kitab Nasa'ih li-ahl az-zaman* von Uthman b. Muhammad Fodiye, der an der Wende zum 19. Jahrhundert das Kalifat von Sokoto im Hausaland gründete. Dieses Werk richtet sich an die Bewohner Westafrikas, arabische wie nicht-arabische, wirbt für die Nächstenliebe und missbilligt mit tiefem Argwohn Neuerungen, die gegen die Religion verstoßen könnten. Scheich Uthman schrieb eine Reihe von Büchern auf Arabisch und verfasste lange Gedichte in Fulfulde. Die Scheichs der Kunta vermittelten oft zwischen den rivalisierenden Kalifaten von Sokoto und von Hamdallahi.

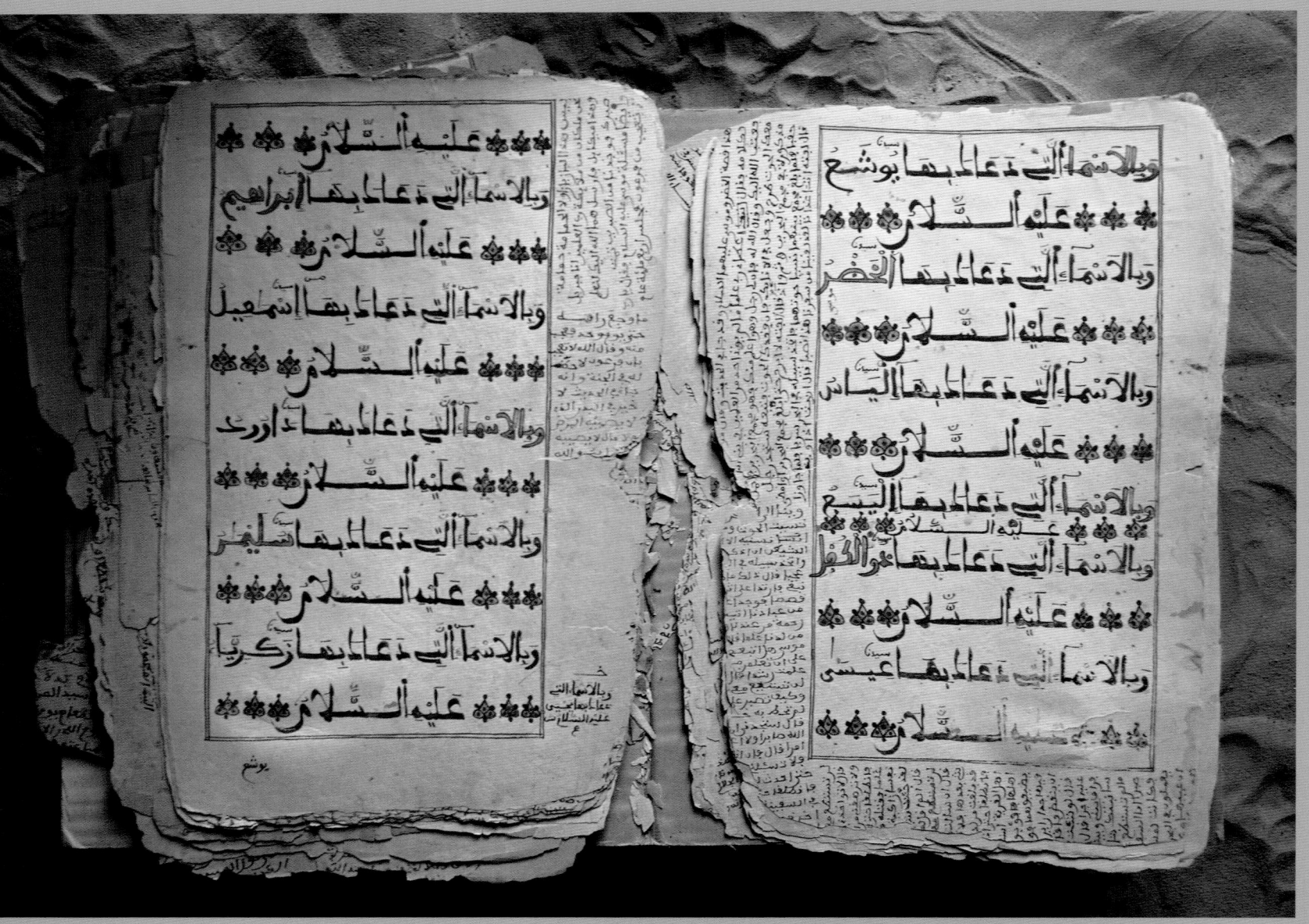

OBEN Kopie des *Dala'il al-Khayrat*, einer Sammlung von
Gebeten an den Propheten Mohammed. Aus der Mohamed-
Tahar-Bibliothek

RECHTS Koran in der Schönschrift der Hausa. Aus dem
Ahmed-Baba-Institut

SEITE 120/121 Seiten aus einem Koran, der in maghrebinischer Kalligrafie kopiert wurde. Sie enthalten eine Notiz, dass
dieses Exemplar für einen marokkanischen König zum Preis
von 50 Mithqal Gold gekauft wurde. Aus der Mamma-Haidara-
Bibliothek

الأخرة جميعا بكم جميعا وبالجواب وبالنوو نزل إليه وبالتورل وما أرسلناك
إلا مبشرا ونديرا وقرآنا فرقناه لتقراه على الناس على مكث
ونزلناه تنزيلا قل آمنوا به أو لا تؤمنوا إن الذين أوتوا العلم من قبله
إذا يتلى عليهم يخرون للأذقان سجدا ويقولون سبحان ربنا إن كان
وعد ربنا لمفعولا ويخرون للأذقان يبكون ويزيدهم خشوعا
قل ادعوا الله أو ادعوا الرحمن أيا ما تدعوا فله الأسماء الحسنى
ولا تجهر بصلاتك ولا تخافت بها وابتغ بين ذلك سبيلا وقل الحمد
لله الذي لم يتخذ ولدا ولم يكن له شريك في الملك ولم يكن له
ولي من الذل وكبره تكبيرا

سورة الكهف مكية

بسم الله الرحمن الرحيم

الحمد لله الذي أنزل على عبده الكتاب ولم يجعل له عوجا قيما لينذر
بأسا شديدا من لدنه ويبشر المؤمنين الذين يعملون الصالحات
لهم أجرا حسنا ماكثين فيه أبدا وينذر الذين قالوا اتخذ الله
ولدا ما لهم به من علم ولا لآبائهم كبرت كلمة تخرج من
أفواههم إن يقولون إلا كذبا فلعلك باخع نفسك على
آثارهم إن لم يؤمنوا بهذا الحديث أسفا إنا جعلنا ما على
الأرض زينة لها لنبلوهم أيهم أحسن عملا وإنا لجاعلون ما عليها
صعيدا جرزا أم حسبت أن أصحاب الكهف والرقيم كانوا

سورة
الفاتحة
مكية

بِسْمِ اللَّهِ الرَّحْمَٰنِ الرَّحِيمِ
الْحَمْدُ لِلَّهِ رَبِّ الْعَالَمِينَ الرَّحْمَٰنِ الرَّحِيمِ مَالِكِ يَوْمِ الدِّينِ
إِيَّاكَ نَعْبُدُ وَإِيَّاكَ نَسْتَعِينُ اهْدِنَا الصِّرَاطَ الْمُسْتَقِيمَ صِرَاطَ الَّذِينَ
أَنْعَمْتَ عَلَيْهِمْ غَيْرِ الْمَغْضُوبِ عَلَيْهِمْ وَلَا الضَّالِّينَ

سورة
البقرة
مدنية

بِسْمِ اللَّهِ الرَّحْمَٰنِ الرَّحِيمِ

وَمِنْهُمُ الشَّيْخُ الْفَقِيهُ عَبْدُ اللَّهِ أَبُو الْعَبَّاسِ

فيستكم وكسر صاحبهم وخفيف قالوا انع المه د كا

وهذين في هذان ح وثقلنا د فاجمعوا صل وافتح الميم جولا

وقل ساحر سحر شفى وثقف أرفع الجزم مع انى خيل مثلا

وابجثكم واعذكم ماز نقكم نشى لاتخف بالقصر والجزم فصلا

وحافح الضم فكبر رضى وفى لام محلك عند وافى محلا

الرحمن كلها أهله آمنوا أمنوا أفتحوا أني أنا أدبنا جلك

وَالنَّازِعَاتِ طوى كاف لعمرتك أخترناك فاز وقد

وأنا وشام قطع أشدّ قوّم في لا غير وأضم وأشركه كلّ كلا

مع الزخرف أقصى بغيرهم وساكن ها أتوى وأضم سوى في ندركم

ويكرم ياقيم وفه وفي بيع مال وقوف في الأصول تأصلا

Eine Abhandlung über Phonetik mit sehr vielen Randbemerkungen. Aus der Maigala/Almoustapha-Konaté-Bibliothek. Das
Studium des Arabischen war ein wichtiges Element des Lehrplans in
Timbuktu, denn Arabisch war nicht nur die Sprache des Islam und
seiner Wissenschaften, sondern auch das internationale Kommunika-
tionsmittel in der islamischen Welt – die Verkehrssprache Westafrikas,
so wie im Mittelalter Latein die »Lingua franca« und die Schriftsprache
Europas war.

LINKS Ein 1672 vom marokkanischen Kalligrafen Abdallah
b. Masoud b. al-Hajj al-Senhadji kopierter Koran.
Viele der heute in Timbuktu zu findenden illuminierten Handschriften wurden ursprünglich im Maghreb, in Ägypten oder
im Mittleren Osten kopiert und nach Timbuktu gebracht. Dieser wunderbare Band ist einer der großen Schätze des Ahmed-
Baba-Instituts.

OBEN Die *Kitab al-Shifa* von Qadi Iyad (gestorben 1149),
die in die maghrebinische Schönschrift übertragen wurde.
Dieses bekannte fromme Werk beschreibt die edlen Eigenschaften des Propheten Mohammed.

3 BIBLIOTHEKEN UND GELEHRTE — EINST UND JETZT

»Es ist bekannt, dass Timbuktu eine Heimstatt für Gelehrte und einer der wichtigsten Orte in Subsahara-Afrika für das islamische Wissen war und immer noch ist. So Gott will, wird das auch so bleiben. Gott schütze sein Volk.«

John Hunwick

Die Handschriften Timbuktus sind das Erbe der islamischen Schriftkultur, die sich über die letzten 600 bis 700 Jahre in ganz Afrika und insbesondere im Nigerbogen entwickelt hat. Umfangreiche Sammlungen arabischer Schriften finden sich immer noch – oftmals in bedenklichem Zustand – in privaten Bibliotheken in Timbuktu selbst und im gesamten Sahelgebiet vom Atlantik bis zum Indischen Ozean. Die Gelehrten in Timbuktu nutzten als Hauptquelle die Büchersammlungen einzelner Kollegen, von denen einige offenbar sehr umfassend waren. Der berühmte Gelehrte Ahmed Baba, der nach dem Fall des Songhai-Reiches im Jahr 1593 nach Marokko ausgewiesen worden war, beschwerte sich beim Sultan von Marokko über die Plünderung seiner Bibliothek von 1600 Büchern, wobei seine Büchersammlung – wie er sagte – eine der kleineren in der Stadt gewesen sei.[1]

DIE GELEHRTEN TIMBUKTUS

Unterrichtszirkel entstanden in Timbuktu im Umkreis der großen Gelehrtenfamilien – meist wohlhabende Kaufmannssippen, deren Reichtum es den Gelehrten ermöglichte, zu studieren, zu reisen und Bücher zu kaufen. Schüler heirateten oft die Tochter ihres Meisters oder Scheichs. Ehen zwischen Gelehrtenfamilien und zwischen diesen und Mitgliedern der königlichen Familie stärkten den Einfluss. Sie förderten eine Kultur der Zusammenarbeit, die sowohl die Qualität als auch die Wirkung der Lehrtraditionen verstärkten. Durch das Zusammentreffen von Gelehrten aus einem weiten Gebiet wurde Timbuktu zu einem reichen Bildungszentrum.

Die Kenntnisse der islamischen Wissenschaften wurden in aufeinanderfolgenden Generationen in einer Kette des Lernens vom Lehrer an die Schüler weitergegeben. Muhammad al-Kabari – der als »Meister der Meister« galt – unterrichtete Muhammad Aqits Sohn Omar, Sidi Yahia al-Tadallisi und vermutlich auch Anda ag Muhammad, dessen Familie in die Aqit-Familie einheiratete. Ein paar Generationen lang wurde das Wissen innerhalb dieser Familien weitergegeben und dann an Muhammad Bag-

hayogho, der wiederum Ahmed Baba unterrichtete. Diese kontinuierliche Kette wurde durch die marokkanische Besetzung im Jahr 1591 unterbrochen, auch wenn die Wissenschaft zu einem Teil von zwei großen Historikern des 17. Jahrhunderts, Mahmud Kati und Abd al-Rahman al-Sadi, am Leben gehalten wurde. Eine neue Kette etablierte sich im 18. und 19. Jahrhundert mit dem Auftreten der Kunta und der Kel al-Suq, die dann im späten 19. Jahrhundert von der französischen Kolonisation beendet wurde. Nichtsdestoweniger führten im 20. Jahrhundert einige westafrikanische Muslime ihre Bildungsarbeit in arabischen Ländern, insbesondere in Ägypten an der Al-Azhar-Universität in Kairo, fort. Im 21. Jahrhundert flammte das Interesse an Timbuktus Wissenstraditionen wieder auf. Dank den Bemühungen von Gelehrten, Kuratoren und der unverzichtbaren Unterstützung durch die internationale Gemeinschaft[2] können die Handschriften, das Wissen Timbuktus und die Stadt selbst vielleicht überleben.

VEREHRTE GELEHRTE – RELIGIÖSE FÜHRER

Die folgenden Kurzbiografien informieren über das Leben und die Leistungen einiger einzelner Gelehrter, die in Timbuktu lebten oder die Gelehrten in Timbuktu stark beeinflussten. Die meisten von ihnen sammelten riesige Bibliotheken an, von denen einige heute noch vor Ort zu finden sind und die oft von ihren Nachfahren instand gehalten werden.[3]

Abu Ishaq Ibrahim al-Sahili (circa 1290–1346)

Der erste Gelehrte aus der Mittelmeerregion, der sich in Timbuktu niederließ, war der Andalusier Abu Ishaq Ibrahim al-Sahili, der 1324 Mansa Musa in Mekka begegnete und diesen zurück nach Mali begleitete. Al-Sahili wurde in Granada geboren, wo sein Vater das Oberhaupt der Gilde der Gewürz- und Parfumhändler war. Al-Sahili wurde juristisch ausgebildet und amtierte zeitweise als öffentlicher Notar. Er scheint sich jedoch unter dem Einfluss der Merkfrucht bzw. Malakkanuss[4] – einer Droge – selbst in

OBEN Alpha Konaté vor der neu eröffneten Maigala/Almoustapha-Konaté-Bibliothek öffnet eine Kiste mit einem Bündel von Handschriften, die ein Verwandter in seinem Haus gefunden hat.

Ungnade gebracht zu haben – in einem Stadium, in dem er sich selbst zum Propheten ausrief. Er machte sich auf und pilgerte nach Reisen durch Ägypten, Syrien, den Irak und den Jemen im Jahr 1324 nach Mekka.

Nachdem er einige Zeit an Mansas Hof verbracht hatte, ließ al-Sahili sich in Timbuktu nieder, wo er sowohl den Bau der Djinger-ber-Moschee überwachte wie auch den Bau der Residenz Mansas. Er erlernte das islamische Recht und war ein begabter Briefschreiber. Eine Einladung, am Hof des merinidischen Sultans Abu al-Hasan zu dienen, lehnte er ab und verbrachte den Rest seines Lebens in Timbuktu. Seine literarischen Fertigkeiten kommen in seinen verbliebenen eleganten Versen und seiner in Reimform geschriebenen Prosa zur Geltung.

Muhammad al-Kabari, bekannt als Modibo Muhammad (wirkte in den 50er-Jahren des 14. Jahrhunderts)
Der »Meister der Meister« steht an der Spitze der Kette, in der das islamische Wissen in Timbuktu weitergegeben wurde.[5] Seine ethnischen Wurzeln sind nicht bekannt, aber vermutlich stammte er von den Mende oder den Soninke ab. Nach Angaben von al-Sadi siedelte er sich Mitte des 15. Jahrhunderts in Timbuktu an und unterrichtete sowohl den Juristen Omar b. Muhammad Aqit als auch Sidi Yahia al-Tadallisi. Er soll viele Zeichen der göttlichen Gnade empfangen haben. Als er starb, wurde er in einer Grabstätte begraben, die so groß war wie die von dreißig Mitbürgern.

Sidi Yahia al-Tadallisi (gestorben 1461)
Dieser Sufi-Scheich galt als Sharif, also als einer der Nachkommen des Propheten Mohammed. Sein Stammbaum soll bis auf al-Hasan, den Sohn von Fatima und Ali, zurückgegangen sein. Von der Mittelmeerküste, circa 80 Kilometer östlich von Algier, kam er 1450 nach Timbuktu – in einer Periode, in der die Tuareg die Stadt kontrollierten. Er wurde vom Sanhaja-Statthalter willkommen geheißen, der al-Tadallisi sehr schätzte und ihn

LINKS Der Imam, abgebildet vor der Sidi-Yahia-Moschee mit den Gebetsperlen und dem Stock seines Vorfahrens Muhammad Baghayogho al-Wangari. Der Stock verbirgt ein Schwert, das angeblich bei der Verteidigung Timbuktus verwendet worden sein soll.

mit dem Bau einer Moschee in seinem Namen ehrte und ihn zu deren Imam machte. Er war Zeitgenosse von Gelehrten wie Muhammad Aqit und Anda ag Muhammad, dessen Nachkommen für die nächsten einenhalb Jahrhunderte die Gelehrtenelite Timbuktus bildeten. Über seine Schüler ist nichts bekannt, er studierte mit Muhammad al-Kabari.

Sidi Yahia al-Tadallisi blieb Imam und lehrte im Innenhof der Sidi-Yahia-Moschee bis zu seinem Tod 1461. Er wurde in der Moschee begraben, und seine Nachkommen fungieren dort seit über 500 Jahre als deren Imame. Er war hoch geachtet und gilt als Schutzpatron von Timbuktu. Der *Tarikh al-Sudan* lobte ihn in den höchsten Tönen: »Sidi Yahia erreichte den höchsten Gipfel der Gelehrtheit, Rechtschaffenheit und Heiligkeit und wurde in jedem Land berühmt. Seine *Baraka* (göttliche Gnade) zeigte sich Hoch- und Niedrigstehenden. Durch ihn offenbarte sich die göttliche Segenskraft in vielen Formen, und er war hellsichtig ... Kein tugendhafterer Mann als Sidi Yahia hat jemals den Boden Timbuktus betreten.«[6]

Muhammad Aqit (wirkte Mitte des 15. Jahrhunderts)

Eine der wichtigsten Familien unter den Gelehrten des 16. Jahrhunderts waren die Aqit von den Massufa. Das erste Mitglied der Aqit-Familie, das in Timbuktu lebte, war Muhammad Aqit. Er war ein Sanhaja-Gelehrter aus dem Zweig der Massufa, der seine Abstammung über 14 Generationen bis zu Abu Bakr b. Omar, der vielleicht mit dem 1087 verstorbenen almoravidischen Führer gleichen Namens identisch war, zurückverfolgen konnte.

Muhammad Aqit hatte in einem Zeltlager in Masina im Binnendelta gelebt, verließ aber mit seiner Familie das Gebiet, um Mischehen mit den dort ansässigen Fulbe zu verhindern. Er zog zuerst in das Gebiet von Walata und später nach Timbuktu. Differenzen mit Akil, dem Sanhaja-Statthalter von Timbuktu, wurden 1450 beigelegt, und Aqit konnte sich dauerhaft im Sankoré-Viertel niederlassen. Viele der Aqit wirkten im Laufe des nächsten Jahrhunderts als Imame der Sankoré-Moschee, und einige fungierten

LINKS Studium einer Handschrift in der neu gegründeten Maigala/Almoustapha-Konaté-Bibliothek. Mehr als die Hälfte ihrer Manuskripte bestehen aus Briefen, Handelskorrespondenz und Dokumenten aus dem 19. und 20. Jahrhundert.

RECHTS Sidi Allmenn Maiga, der Leiter der Bibliothek. Sidi Allmenn wurde von seinem Vater erzogen und aufgrund seines Lerneifers für dieses Amt vorgesehen. Er möchte die gesamte Sammlung katalogisieren.

auch als Kadis in Timbuktu. Muhammad Aqit war ein berühmter Lehrer, der die Lehre des Mukhtasar von Khalil ibn Ishaq in Timbuktu bekannt gemacht haben soll. Der *Tarikh al-Sudan* sagt von ihm, dass »Jurisprudenz aus seinem Mund Süße und Eleganz hatte, er drückte sich so verständlich aus, dass das Thema ohne jede Affektiertheit wunderbar klar wurde«.[7]

Anda ag Muhammad (gestorben 1446)

Anda ag Muhammad war einer der größten Gelehrten und Lehrer der Sanhaja sowie *Kadi* von Timbuktu während der Herrschaft der Tuareg im 15. Jahrhundert. Seine Familie litt unter der Verfolgung durch Sonni Ali im Jahr 1468, als zwei seiner Söhne getötet wurden und seine Tochter, die mit dem Sohn von Muhammad Aqit verheiratet war, in den Kerker kam. Sein Sohn Mahmud b. Umar floh nach Walata, kehrte aber schließlich zurück, um 1480 *Kadi* von Timbuktu zu werden. Viele von Anda ag Muhammads anderen Nachkommen fungierten als Imame der Sankoré-Moschee und waren verantwortlich für das Rezitieren der *Kitab al-Shifa* des Kadi Iyad – ein frommes Werk über die Eigenschaften des Propheten –, die in der Sankoré-Moschee während der wichtigsten religiösen Feste vorgetragen wurde.[8] Dennoch überließen sie die Führung Timbuktus den Aqit, die diese bis zur marokkanischen Invasion im Jahr 1591 behielten. Während der Verwaltung durch die Arma wirkten sie wieder als *Kadis*. Die beiden Familien teilten sich die intellektuelle und religiöse Führungsrolle in Timbuktu für circa 200 Jahre.

Anda ag Muhammad und seine Familie wurden bekannt für ihre Leistungen auf dem Gebiet der Grammatik. Sein eigener Sohn wurde al-Mukhtar al-Nahawi (al-Mukhtar der Grammatiker) genannt. Einer seiner Nachfahren, Sayyid Ahmed, schrieb einen Kommentar zu einem berühmten grammatischen Werk, das in gelehrten Kreisen in Fez ausgiebig genutzt wurde. In Marokko und Ägypten haben sich Kopien erhalten, und das Werk wurde offenbar auch noch im späten 19. Jahrhundert konsultiert, da es Teil der Umari-Bibliothek in Ségou war.[9]

Ahmed Baba (1556–1627)

Ahmed Baba war zweifellos das berühmteste Mitglied der Aqit-Familie. Er studierte bei seinem Vater, bei seinem Onkel und dann bei Muhammad Baghayogho al-Wangari. Ahmed Baba schrieb circa 70 Werke auf Arabisch, viele davon über die Rechtswissenschaft sowie einige über Grammatik und Syntax. Eine seiner berühmtesten Schriften war die *Nayl al-Ibtihaj*, eine Sammlung von Biografien malikitischer Gelehrter. Darin beschreibt er den eigenen Vater als einen »verständigen Gelehrten, hochgebildet, sachkundig und vielseitig – ein Spezialist in *Hadith*, in Jurisprudenz, Rhetorik und Logik«. Dann erzählt er von der Pilgerfahrt seines Vaters nach Mekka 1549, wo dieser eine Reihe von berühmten Gelehrten traf.[10] Dieses Werk enthält Informationen aus erster Hand sowohl über die Gelehrten Timbuktus als auch über Fremde, die diese beeinflussten. Ahmed Baba schrieb auch ein Buch über Sklaverei – auf Anfragen aus der Tuwat-Oase weit nördlich von Timbuktu, wo Sklaven gesammelt und inspiziert wurden, bevor man sie nach Nordafrika schickte. Er verfügte, dass Sklaven freigelassen werden sollten, wenn sich sich als wahre Muslime erwiesen.[11]

Ahmed Baba verbrachte die erste Hälfte seines Lebens in Timbuktu. 1593 wurde er vertrieben und nach Marrakesch gebracht, wo er für zwei Jahre in Haft kam. Auch nach seiner Freilassung musste er bis 1608 in Marrakesch bleiben. Während seines Aufenthaltes lehrte er in der Moschee der Edlen (*Jami'al-Shurafa*) und wurde um viele *Fatwas* gebeten. Unter seinen Studenten waren der *Kadi* von Fez, der *Mufti* von Meknes und der Historiker Shihab al-Din al-Maqqari. Einige Marokkaner behaupten sogar, er wäre einer ihrer Privatgelehrten gewesen. In Marrakesch verpackte Ahmed Baba seine Sehnsucht nach seiner Heimat in folgende ergreifende Zeilen:

»O Reisender nach Gao, biege ab zu meiner Stadt.

Raune meinen Namen dort und grüße alle meine Lieben mit duftenden Friedensgrüßen von einem Verbannten, der sich sehnt nach seiner Heimat und seinen Nachbarn, Gefährten und Freunden.«[12]

OBEN Das Haus von Ahmed Baba, der nach 16 Jahren im erzwungenen Exil in Marrakesch im Jahr 1608 endlich in seine lang ersehnte Heimatstadt Timbuktu zurückkehren konnte

Ahmed Baba war der einzige Überlebende von den Gelehrten, die aus Timbuktu nach Marrakesch vertrieben wurden. Die anderen starben bei einer Pestepidemie. Nach seiner Rückkehr in seine Geburtsstadt lehrte und schrieb er weiterhin, hatte aber kein öffentliches Amt inne. Seine eigene Bibliothek war konfisziert worden und viele seiner Werke können noch heute in der Nationalbibliothek in Rabat gefunden werden. Seit 1970 trägt ein Institut zur Erhaltung der Handschriften Timbuktus seinen Namen.

Muhammad Baghayogho al-Wangari (gestorben 1594)

Muhammad Baghayogho al-Wangari war vielleicht der berühmteste Lehrer seiner Generation. Seine Familie stammte von den Djula ab, einer Gruppe der Mende, die sowohl Gelehrte als auch Kaufleute hervorgebracht hat. Muhammad Baghayogho wurde in Djenné geboren und zog in seiner Jugend Mitte des 16. Jahrhunderts mit seinem Bruder Ahmed nach Timbuktu. Er studierte bei Ahmed Babas Vater und unterrichtete dann Ahmed Baba selbst, der Baghayogho als seinen Scheich betrachtete und ungemein bewunderte,[13] wie aus der folgenden Beschreibung hervorgeht:

»Unser Scheich und unsere [Quelle des] Segens, der Jurist und vollendete Gelehrte, ein frommer und asketischer Mann Gottes, der zu den besten von Gottes rechtschaffenen Dienern und tätigen Gelehrten zählt. Er war von Natur aus gut und freundlich, arglos und gütig, und er glaubte so sehr an die Menschen, dass in seinen Augen wirklich alle gleich waren. Mehr noch, er war ständig um die Bedürfnisse anderer besorgt, auch auf Kosten seiner eigenen, er litt, wenn ihnen ein Unglück widerfuhr, er schlichtete ihre Streitigkeiten, er lehrte sie die Liebe zum Lernen und hielt sie dazu an, seinen Lehren zu folgen. Er verbrachte den Großteil seiner Zeit mit der Lehre, mit einer großen Zuneigung für die Schüler und in seiner absolut bescheidenen Art. Er half ihnen und sorgte für sie und lieh ihnen die seltensten und wertvollsten Bücher, ohne je wieder danach zu fragen, ganz egal, aus welchem Fachgebiet sie stammten. Auf diese Weise verlor er

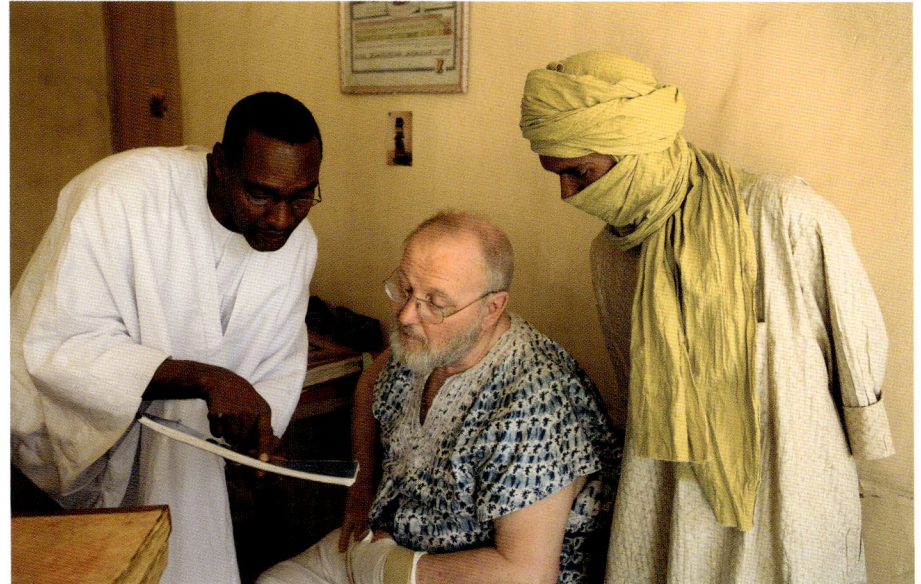

eine Menge seiner Bücher – möge Gott ihn dafür belohnen! Manchmal kam ein Student an seine Tür und sandte ihm eine Nachricht mit dem Titel des Buches, nach dem er suchte, und jener nahm es aus seiner Bibliothek und schickte es ihm, ohne überhaupt zu wissen, wer der Student war. Er tat das um des Höchsten Gottes willen, trotz seiner Liebe zu Büchern und seines Eifers, sie durch Kauf oder Kopie zu erlangen. Eines Tages kam ich zu ihm und fragte ihn nach Büchern über Grammatik, und er durchsuchte seine Bibliothek und brachte mir alles, was er darüber finden konnte.«[14]

Ahmed Babas Beschreibung zeigt nicht nur seine Bewunderung, sondern beweist auch, dass es in Timbuktu eine große Bibliothek gab, deren Bücher an Studenten und Gelehrte ausgegeben wurden. Nach dem Tod Muhammad Baghayogho al-Wangaris im Jahr 1594 erbten seine Nachkommen seine Bibliothek. Noch heute, mehr als vier Jahrhunderte später, hat eine Sammlung von Handschriften im Besitz seiner Nachfahren in Timbuktu überdauert. Die so genannte Al-Wangari-Bibliothek wird von Moctar Sidi Yahia al-Wangari in einem Gebäude in der Rue Heinrich Barth betreut, nördlich der Sidi-Yahia-Moschee.

Abd al-Rahman al-Sadi (1594–circa 1656)

Abd al-Rahman al-Sadi, der Autor des *Tarikh al-Sudan*, war ein Imam in Djenné, bevor er von der Verwaltung der Arma in Timbuktu angeworben wurde. 1646 wurde er Erster Sekretär des Paschaliks Timbuktu. Der *Tarikh al-Sudan* behandelt hauptsächlich die Geschichte des Songhai-Reiches von der Mitte des 15. Jahrhunderts bis zur marokkanischen Invasion 1591 und von da ab bis zum Jahr 1655. Die ersten Kapitel bieten einen kurzen Abriss der früheren Songhai-Dynastien, des kaiserlichen Mali und der Tuareg, ebenso wie der Biografien der Gelehrten und Heiligen von Timbuktu und Djenné. Al-Sadi greift dabei hauptsächlich auf persönliches Wissen zurück, ergänzt von Aufzeichnungen und Berichten der marokkanischen Arma-Administration. Sein Zugang zur Geschichte spiegelt seine Ausbil-

dung als Mitglied der Gelehrtenschicht wider. Was dieser Gruppe nützt, findet seinen Beifall, was ihr schadet, wird missbilligt. Das wird besonders in seiner Verunglimpfung von Sonni Ali deutlich, der Timbuktu brandschatzte, und an seinem schmeichelhaften Porträt des gütigeren Askiya Muhammad. Während er nostalgisch auf die Zeit des Songhai-Reiches zurückblickt, hütet er sich vor direkter Kritik an der marokkanischen Invasion. Anstatt den Marokkanern den Sturz der Askiya-Dynastie vorzuwerfen, beklagt er die Dekadenz des Songhai-Volkes und stellt dessen Niedergang als göttliche Vergeltung dar.[15] Über al-Sadis Leben ist ansonsten nur wenig bekannt.

Mahmud Kati (gestorben 1593)

Ein weiterer berühmter Historiker war Mahmud Kati, der Hauptautor des *Tarikh al-Fattash*. Mahmud Katis Vater war Ali bin Ziyad al-Kuti, wobei *Kuti* Westgote bedeutet, also Angehöriger jenes germanischen Volkes, dessen spanisches Reich durch die muslimische Eroberung zerstört wurde. Ali bin Ziyad übersiedelte Mitte der 1460er-Jahre von Toledo nach Westafrika, wie er selbst auf der letzten, leeren Seite des ersten Bandes einer Kopie von *Kitab al-Shifa* von Kadi Iyad vermerkt hat. Das Buch habe er 1468 in der Oase von Tuwat auf seinem Weg ins »Land der Schwarzen« gekauft: »Ich kaufte dieses illuminierte Buch *al-Shifa* des Autors Kadi Iyad von seinem ersten Besitzer Muhammad b. Umar in einem [rechtlich] gültigen Verkauf für die Summe von 45 Mithqal Goldmünzen, die zur Gänze an den Verkäufer gezahlt wurden. Unsere Begleiter bezeugten den Kauf. Dies geschah zwei Monate nach unserer Ankunft in Tuwat, wohin wir aus dem Land (*Bilad*) von Toledo, der Hauptstadt der Gothen, gekommen waren. Nun sind wir auf dem Weg nach dem *Bilad al-Sudan* und bitten den Höchsten Gott, dass Er uns dort zur Ruhe kommen lassen möge.«[16]

Toledo war 1085 von den Christen zurückerobert worden, aber einige Muslime lebten weiterhin hier, mindestens bis 1502, als ein königlicher

Erlass sie vor die Wahl stellte, sich entweder taufen zu lassen oder ins Exil zu gehen. Der Druck auf die Muslime wird aber wohl schon in den Jahr-zehnten vor dem Dekret nicht nur in Toledo, sondern in ganz Spanien angestiegen sein. Deswegen ist es nicht überraschend, dass Ali bin Ziyad sich entschied zu emigrieren, vermutlich kurz vor 1468. Warum er sich nach dem *Bilad al-Sudan* aufmachte, ist unbekannt. Auf jeden Fall ließen sie sich in Westafrika nieder und heirateten ansässige Songhai-Frauen.[17]

Die Kunta (18. und 19. Jahrhundert)

Heute leben die Kunta in Mali hauptsächlich entlang des Niger östlich von Timbuktu. Einige leben auch in der Stadt selbst, wo sie mit der ortsansäs-sigen Bevölkerung verkehren. Nach der Dürre im Jahr 1984 sind viele nach Bamako gezogen oder haben sich in der ganzen Region zerstreut. Man findet sie in Mauretanien, dem Senegal, Mali, Niger und Nigeria.[18]

Die Kunta standen für einige Jahrhunderte sehr strengen religiösen Lehren nahe, sodass viele von ihnen zu bekannten Heiligen bzw. *Walis* in der Sufi-Tradition wurden. Einer der berühmtesten Kunta in der Region war Scheich Sidi al-Mukhtar al-Kabir al-Kunti, der im 18. Jahrhundert leb-te. Die Rolle als spiritueller Führer wird in der Kunta-Tradition vom Vater auf den Sohn vererbt, sodass schließlich die Führerschaft an Ahmed al-Baqqai al-Kunti überging, einen Mann mit vielen Fertigkeiten. Er war nicht nur ein großer Gelehrter, ein Dichter und das Oberhaupt der Qadiriyya, sondern auch ein Mann der Politik und des Militärs.

Zum Teil aufgrund ihrer nomadischen Lebensweise konnten die Kun-ta als Volk im nördlichen Mali ihre Handschriften gegen politische und kli-matische Turbulenzen am besten schützen. Jedes Mal, wenn eine militäri-sche Invasion oder eine Dürre über das Land hereinbrach, zogen die Kunta mit allen ihren Handschriften weiter oder vertrauten diese anderen Mit-gliedern ihres Stammes an. Sie tun alles, was in ihrer Macht steht, um die-ses Erbe ihrer Väter zu schützen.[19]

Scheich Sidiyya al-Kabir (1775–1868)

Einer der herausragenden Schüler von Sidi al-Mukhtar al-Kabir al-Kunti war Sidiyya al-Kabir aus Boutilimit in Mauretanien, der ein Jahr bei al-Mukhtar lernte und dann zwölf Jahre bei dessen Sohn, Sidi Muhammad al-Kunti. Während seiner Zeit bei den Kunta wuchs er in eine kanzlerähnliche Rolle hinein: Er archivierte umsichtig Kopien von deren gesamter Korrespondenz und baute seine eigene Bibliothek mit Handschriften auf. Bald nach seiner Rückkehr nach Südmauretanien im Jahr 1825 machte er sich nach Marokko auf, wo er über 200 Bücher und Buchfragmente erwarb, wobei er jeden Kauf und dessen Quelle sorgsam vermerkte. So legte er den Grundstein zu seiner eigenen Bibliothek. Zu Lebzeiten versuchte er mit einigem Erfolg, in seiner Heimat in Südmauretanien eine ähnliche Rolle wie die Kunta auszuüben. Dass er tatsächlich über einen beträchtlichen Einfluss verfügte, mag man dem Umstand entnehmen, dass der erste Präsident des unabhängigen Mauretanien aus demselben Klan stammte. Scheich Sidiyyas Bibliothek und die seines Sohnes und Enkels wurde in den 1960er-Jahren von einem Urenkel, dem bibliophilen Haroun, wiederhergestellt. Mit ihren etwa 2000 Bänden steht sie für den Einfluss der Kunta (und Timbuktus) in Dutzenden ähnlicher Orte in der Sahelzone, in denen Handschriftensammlungen aufgebaut wurden.[20]

Ahmed Boularaf (1864–1955)

Einer der bedeutendsten Zuwanderer im Timbuktu des 20. Jahrhunderts ist als Boularaf bekannt. Er kam aus Gulimim in Darfia in Südmarokko und zog 1907 nach Timbuktu. Obwohl kein professioneller Gelehrter, war er doch durch Handelsgeschäfte finanziell unabhängig, ein Büchernarr und ein Schutzherr für alle Gelehrten. Aus Liebe zu Büchern sammelte er nach seiner Ankunft in Timbuktu viele Handschriften. Er bereicherte seine Sammlung, indem er mit anderen Bibliotheken und Verlagshäusern handelte, darunter elf Bibliotheken in der Region Timbuktu, zwei in Bamako

und andere in Mauretanien, Niger und Nigeria. Er hatte auch Verbindungen zu Verlagen in Algerien, Marokko, Tunesien, Libyen und Ägypten.

Boularaf ist vielleicht am bekanntesten dafür, dass er die Buchkunst in Timbuktu wiederbelebte, wo er eine Werkstatt für die Produktion von Handschriften eröffnete. Diese scheint sehr gut organisiert gewesen zu sein, denn sie beschäftigte eine Gruppe geübter Kopisten und Redakteure ebenso wie Angestellte, die das Papier vorbereiteten und die Einbände erstellten. Er reproduzierte nicht nur Handschriften, sondern nutzte seinen Einfluss auch dazu, zeitgenössische Lehrwerke und wissenschaftliche Titel zu fördern und zu veröffentlichen. Er selbst schrieb etwa 40 Bücher, die meisten davon Gedicht- oder Kurzfassungen von Texten anderer Autoren, aber auch ein bedeutendes Originalwerk mit dem Titel *Izalat al-Rayb,* das Biografien von Gelehrten des Mittleren Niger enthält. Ähnlich wie Ahmed Babas *Nayl al-Ibtihaj,* das 300 Jahre früher verfasst wurde, erzählt dieses Buch die Lebensläufe der Gelehrten dieser langen Zwischenzeit.[21]

Boularafs Verlag existiert mittlerweile nicht mehr, und seine Sammlung ist weit verstreut. Direkt nach seinem Tod erbte einer seiner Söhne seine Bibliothek und um das Jahr 1970 wurden die meisten seiner Manuskripte dem neu gegründeten Ahmed-Baba-Institut gestiftet, wo sie heute zu finden sind.

Ahmed Baber al-Arawani (gestorben 1997)

Einer der herausragenden Gelehrten in der zweiten Hälfte des 20. Jahrhunderts war Ahmed Baber al-Arawani, der in Arawan geboren wurde, einer Handelsstadt rund 200 Kilometer nördlich von Timbuktu. Er studierte bei einem Gelehrten aus Arawan und stieg zu einem der führenden Lehrer Timbuktus, zu einem renommierten Historiker, Exegeten, *Muhaddith* (Übermittler des *Hadith*) und anerkannten Experten in Erbschaftsangelegenheiten auf. Er war auch der Imam einer *Zawiya* und *Kadi* der Bürger aus Arawan, die in Timbuktu lebten. Er wurde in der Nähe des

Mausoleums von Muhammad Aqit begraben. Ahmed Baber schrieb über
15 Bücher, darunter Biografien der Gelehrten Timbuktus und historische
Werke, unter anderem den *Tarikh Azawad*, eine Chronik der Region Azawad. Es ist dies eine mit Fußnoten versehene Version der Geschichte der
Barabisch von Azawad von Mamud b. Dahman, geschrieben 1948.

Mohamed Tahar (gestorben 1969)

Einer der größten Gelehrten und Lehrer Timbuktus in modernen Zeiten
ist Mohamed Tahar, der in Arawan geboren wurde und hier bei mehreren
Gelehrten studierte. Als Mohamed Tahar nach Timbuktu übersiedelte,
gründete er sowohl in der Stadt selbst als auch im Umland Koranschulen.
Er hatte Schüler in der ganzen Region, die jeden Morgen kamen, um bei
ihm zu lernen. Zudem arbeitete er auch als Kopist in Ahmed Boularafs
Bibliothek und galt als der beste Kopist seiner Zeit. Andere Gelehrte schick-
ten ihm oft ihre Texte zur Korrektur. In seinem Haus sammelten sich die
Früchte seiner Arbeit. Er hatte fünf Schränke voller Bücher, darunter
Handschriften, die den Sufismus, Gesetze, Kommentare zum Koran und
grammatische Themen behandeln. Es finden sich auch Fragmente über
Medizin, Gedichte und Dokumente über die Geschichte Arawans.[22]

Mahamane Mahamoudou (bekannt als Hamou, geboren 1955)

Hamou wurde 1955 in Timbuktu geboren und studierte bei verschiedenen
Lehrern, unter anderem bei Muhammad Boularaf (dem Sohn von Ahmed)
und Mohamed Tahar, von dem er Zertifikate (*Ijaza*) erhielt, die ihn berech-
tigten, den *Hadith* und andere islamische Wissenschaften zu lehren.
Hamous Vater und Mohamed Tahar waren eng befreundet. Als Kind war
Hamou oft zu Gast in Tahars Haus und wurde fast wie ein Sohn behandelt.
Abends ging er oft hin, um sich Bücher auszuleihen. Er durfte sich allerdings erst ein neues Buch nehmen, wenn er das vorherige gelesen und
auch verstanden hatte. Manchmal, bevor er zu einer Forschungsreise auf-

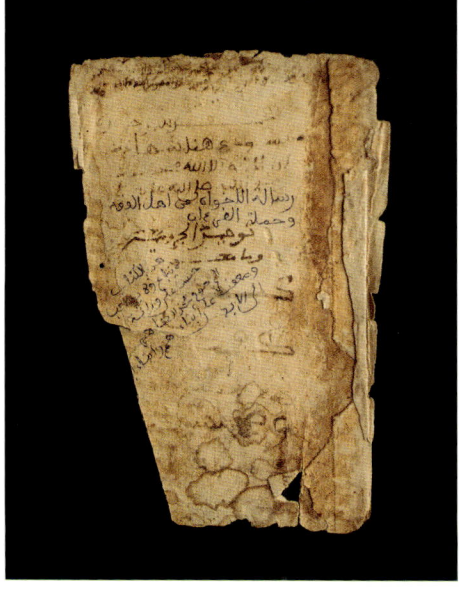

brach, gab Tahar ihm 30 oder 40 Handschriften auf einmal. Nach seiner Rückkehr fragte er Hamou, was er gelernt hatte, und trug ihm auf, sich von Hand eigene Kopien zu erstellen.

Nach Mohamed Tahars Tod studierte Hamou nacheinander bei verschiedenen anderen Lehrern. Später baute er eine Koranschule auf und steht heute einem eigenen Lehrzirkel vor, der sich in seinem Haus trifft. Er erlangte außerdem ein Zertifikat in Kalligrafie und kopiert weiterhin Handschriften. Heute ist er Experte für arabische Handschriften aus Timbuktu und assistierte mehreren Forschern. Außerdem fungiert er als Prospektor und Kurator am Ahmed-Baba-Institut.[23]

DIE BIBLIOTHEKEN IM HEUTIGEN TIMBUKTU

Die führenden unter den Sammlungen im modernen Timbuktu sind die des nationalen Ahmed-Baba-Instituts (IHERIAB)[24] und private Bibliotheken, darunter die Mamma-Haidara-Bibliothek, die Fondo-Kati- und die Al-Wangari-Bibliothek. Es gibt aber auch noch viele andere Büchersammlungen in der Stadt, etwa die Bibliothek des Imam Abdramane ben Essayouti der Djinger-ber-Moschee, die Maigala-Bibliothek »Almoustapha Konaté«, die Boularaf-Sammlung oder die Bibliothek von Mohamed Tahar. In der weiteren Umgebung finden sich die Bibliothek in Boujebeha und jene von Scheich Sidi al-Mukhtar al-Kabir al-Kunti in Gao.[25] Die meisten dieser Bibliotheken haben Fördermittel für den Bau von Gebäuden für ihre Büchersammlungen erhalten und viele wurden kürzlich der Öffentlichkeit zugänglich gemacht.

Das Ahmed-Baba-Institut, Timbuktu

Das Ahmed-Baba-Institut (IHERIAB) wurde 1970 durch eine Initiative der UNESCO gegründet, um eine nationale Lagerstätte und ein Konservierungszentrum für die historischen Handschriften der Region zu schaffen. Das von Saudi-Arabien und Kuwait finanzierte Gebäude wurde 1973 offiziell eröffnet. Zu dieser Zeit verfügte das Institut über keine eigenen Hand-

LINKS Noury Mohamed Alamine al-Ansary, ein Forscher am Ahmed-Baba-Institut. Er arbeitet an *Ajami*-Handschriften, die in Tamashek mit arabischen Schriftzeichen geschrieben wurden.

MITTE Sidi Mohamed ould Youbba, Assistant Director am Ahmed-Baba-Institut.

RECHTS Mohamed Gallah Dicko, Direktor des Ahmed-Baba-Instituts

schriften und musste sich für seine Einweihung welche aus privaten Sammlungen ausleihen.[26] Heute beherbergt das Ahmed-Baba-Institut fast 30 000 Handschriften mit einer Stärke von einer bis zu 400 Seiten, gesammelt in der ganzen Region. Mit von der Universität Oslo vermittelte und von der norwegischen Regierung aufgebrachten Mitteln sowie mit Geldern von der Regierung Luxemburgs, die über die UNESCO flossen, konnten die institutseigenen Laboratorien ausgerüstet und mit Personal ausgestattet werden. Forscher wurden ausgebildet, die Sammlung zu katalogisieren und Studien über deren Inhalt durchzuführen. Techniker wurden darin unterwiesen, Handschriften zu digitalisieren. Kunsthandwerker eigneten sich Techniken zur Restauration an und lernten, eine sichere Lagerung für die Handschriften zu schaffen, unter anderem durch die Herstellung handgearbeiteter Aufbewahrungsboxen. Bis zum Jahr 2008 sind 4500 Manuskripte katalogisiert, 15 000 digitalisiert und mehr als 12 000 Handschriften in den Lagerboxen des Instituts deponiert worden. Mehrere von den institutseigenen Wissenschaftlern verfasste Arbeiten sind reif zur Veröffentlichung. Gegenwärtig baut die südafrikanische Regierung ein neues Gebäude für das Ahmed-Baba-Institut.

Al-Wangari-Bibliothek

Die Al-Wangari-Bibliothek basiert auf der Handschriftensammlung von Muhammad Baghayogho al-Wangari, dem Lehrer Ahmed Babas, und ist wahrscheinlich eine der ältesten Bibliotheken in Timbuktu. Über 1000 Stücke wurden bisher der Sammlung zugeordnet; allerdings berichtet uns der *Tarikh al-Sudan*, das Baghayogho seine Bücher großzügig verlieh, sodass seine Handschriften über die ganze Region verstreut sind. Heute hat ein Nachfahre Baghayoghos, Moctar Sidi Yahia al-Wangari, damit begonnen, die Sammlung von verschiedenen Familienmitgliedern wieder zusammenzuführen und die Al-Wangari-Bibliothek in Baghayoghos eigenem Haus wiederherzustellen, wobei er von der Ford Foundation unterstützt wird.[27]

Die Mamma-Haidara-Bibliothek

Eine der größten Privatbibliotheken von Timbuktu ist die von Mamma Haidara. Die Bibliothek basiert zum Teil auf der Sammlung von Muhammad al-Mawlud, der aus Bamba stammte, einem Dorf circa 195 Kilometer südöstlich von Timbuktu. Die Sammlung wurde von Generation zu Generation weitergegeben, erlitt dabei aber große Verluste und Schäden durch Plünderung,[28] Feuer, Hochwasser und Termiten ebenso wie durch den Einsturz des Hauses der Familie. Viele der Handschriften tragen Spuren dieser Unglücke, und Behälter zerstörter Schriften werden noch aufbewahrt.

Im späten 20. Jahrhundert wurde die Sammlung an Mamma Haidara ausgehändigt, der neue Handschriften kaufte und die Bibliothek neu organisierte. Er reiste und studierte in der gesamten Region von Timbuktu, darunter auch in Arawan und Boujebeha, ebenso in Mauretanien, im Sudan und in Ägypten, von wo er viele Schriften mitbrachte, die die Originalsammlung ergänzten. Schließlich ließ er sich in Timbuktu nieder und schuf eine neue Bibliothek, in der er die erworbenen Bücher mit der Sammlung seines Vorfahren und seinen eigenen Kopien zusammenführte. Mamma Haidara machte die Handschriften bekannt durch seine Forschungen, durch Austausch, Korrespondenz und Kopieren. Dabei arbeitete er mit 25 Bibliotheken zusammen. Die nun in Timbuktu bestehende Bibliothek übertrifft mittlerweile die Originalsammlung in Bamba.

Als Mamma Haidara 1981 starb, führte sein Sohn Abdel Kader das Werk seines Vaters fort, indem er die Sammlung durch den Kauf von neuen Handschriften vergrößerte und anderen Bibliotheken bei der Konservierung ihrer Bücher half. Einen großen Teil seiner Zeit widmete er auch der Bibliothek in Timbuktu. 1993 vereinte er die beiden Bibliotheken, sodass sie zusammen 9000 Handschriften umfassen, deren älteste aus dem Jahr 1114 stammen soll. Diese Bibliothek war die erste in Timbuktu, die – mit Unterstützung der Andrew Mellon- und der Ford Foundation – für die Öffentlichkeit zugänglich gemacht wurde.

Die Fondo-Kati-Bibliothek

Nach Ismael Diadié Haidara, einem Nachkommen von Mahmud Kati, basiert die Fondo-Kati-Sammlung auf zwei Quellen. Die originale Sammlung wurde von Ali bin Ziyad in die Region gebracht, der während seiner Reisen von Spanien bis in den Mittleren Osten Handschriften erwarb, bevor er sich in Westafrika niederließ. Seine Nachfahren erweiterten die Sammlung. Durch enge Verbindungen zur Königsfamilie des Songhai-Reiches kamen schließlich auch deren Handschriften dazu, wodurch die Fondo Kati zu einer doppelten Bibliothek wurde. Im Laufe der nachfolgenden Generationen zerstreute sich die Sammlung unter den Familienmitgliedern, von denen einige in Goundam westlich von Timbuktu lebten. In den 1990er-Jahren sammelte Ismael Diadié Haidara die von seinen Verwandten bewahrten Handschriften und brachte sie nach Timbuktu, und im Jahr 2000 konnte er dort mit Mitteln der spanischen Junta de Andalusia eine Bibliothek bauen.

Heute sind die Handschriften der Fondo Kati nach den Käufern geordnet – oftmals weibliche Familienmitglieder. Die Sammlung umfasst insgesamt 7026 Handschriften, deren älteste ein Koran ist, der 1198 in Ceuta auf Pergament kopiert wurde. Das jüngste ist ein Ende des 19. Jahrhunderts gekauftes Manuskript.[29] Die Sammlung enthält auch eine Kopie des *Kitab al-Shifa,* eines Korans, der 1423 kopiert und mit einer türkischen Anmerkung auf der Schlussseite versehen worden war, wie auch eine der vielleicht ältesten Kopien des *Dala'il al-Khayrat.*[30] Sie beinhaltet zudem eine kurze Abhandlung von Alfa Kati Mahmud über die Anatomie des Auges und über verschiedene Augenkrankheiten und Heilmethoden, unter anderem über die Operation des grauen Stars.[31]

Die bedeutendsten Handschriften in der Kati-Bibliothek sind jedoch jene, bei denen verschiedene Vorfahren die Ränder nutzten, um Ereignisse, Aktivitäten, Geburten und Todesfälle vom 15. bis zum 19. Jahrhundert einzutragen. Das macht die Fondo Kati zu einem besonderen

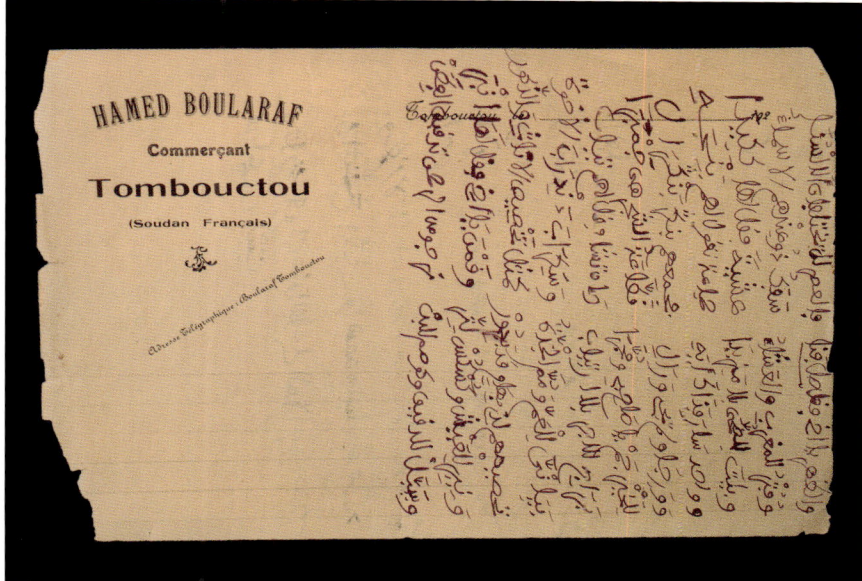

Schatz, nicht nur als Bericht über die islamische Kultur, sondern weil sie unserem Verständnis der sozialen und politischen Geschichte des Gebietes von Timbuktu eine ganz neue Dimension eröffnet. Ihre »Auffindung« ist ohne Zweifel das bedeutendste Ereignis in der Geschichte der Wiederentdeckung des intellektuellen Erbes des präkolonialen muslimischen Afrikas im letzten halben Jahrhundert. Nach Ismael Diadié Haidara wird bereits daran gearbeitet, drei Bände der *Marginalia* zu veröffentlichen und die Sammlung zu konservieren.

Das Vermögen, das Ahmed Boularaf mit dem Buchhandel machte, kam nicht nur den Verwaltern der Handschriften und denen zugute, die Bücher produzierten, sondern auch den Gelehrten, die ermutigt wurden, eigene Werke zu schreiben. 1945 umfasste seine Bibliothek 2076 Handschriften und 6039 gedruckte Bücher. Heute sind davon nur noch 680 Handschriften und 900 gedruckte Bücher vorhanden. Boularaf war einer der Ersten, der seine Bibliothek Besuchern, Forschern und auch öffentlichen Institutionen wie dem Ahmed-Baba-Institut öffnete, das viele der Werke aus seiner Sammlung erhielt. Der größte Teil der ursprünglichen Sammlung besteht aus relativ neuen Exemplaren oder Kopien von Werken über die westafrikanische Sahelzone entlang des Flusses und der umgebenden Wüste. Zu den wichtigsten Stücken der Sammlung gehört die *Shifa al-Asqam* von Sidi Ahmed b. Muhammad al-Raqqadi über traditionelle Medizin und Arzneipflanzen sowie der *Fath al-Shakur* von Abu Bakr al-Siddiq al-Bartili, eine Bibliografie der Gelehrten von Takrur, die zwischen 1650 und 1800 lebten.[32]

DIE ERHALTUNG EINES EINZIGARTIGEN ERBES

Mittlerweile werden große Anstrengungen unternommen, um das literarische Erbe der Sahelzone und Sahara zu erhalten, beginnend mit einigen der größeren Sammlungen Timbuktus. Das ist eine dringliche Aufgabe, da die Armut zum Verkauf einiger der herrlichsten Stücke führt, während das

OBEN Mohamed Alher ag Almahdi aus Timbuktu wird im Zuge eines Praktikums in der Konservierungsabteilung der British Library in London von David Jacobs, dem Chefkonservator, in die Kunst der Erhaltung und Restauration von Handschriften eingeführt .

RECHTS Abdel Kader Haidara, Direktor der von seinem Vater Mamma Haidara (gestorben 1981) gegründeten Bibliothek. Mamma Haidara widmete sein gesamtes Leben dem Sammeln von Handschriften, um seine Bibliothek zu erweitern. In seinem Sohn Abdel Kader entdeckte er das Talent, die intellektuellen Fähigkeiten und die nötige Hingabe, um die Sammlung der Familie zu bewahren.[33]

SEITE 148/149 Moulaye Hassan ould Chaya, der Wächter der Al-Wangari-Bibliothek, neben einem Schrank mit Handschriften. Früher wurde diese Lade verwendet, um Handschriften über die Jahrhunderte aufzubewahren, zu transportieren und um sie vor Hochwasser, Feuer und Feinden zu schützen. Ursprünglich gehörten sie dem Gelehrten und Lehrmeister Muhammad Baghayogho al-Wangari aus dem 16. Jahrhundert.

Klima und Insekten das fragile Papier sehr strapazieren. Das trockene Klima der Sahel- und Saharazone ist einer der wichtigsten Faktoren für das physische Überdauern der Handschriften bis zum heutigen Tag, wohingegen die dunstigen und feuchten Bedingungen entlang der Küste Ost- und Westafrikas dazu geführt haben, dass nur wenige alte Handschriften in diesen Gebieten überlebt haben – das älteste stammt aus dem späten 17. Jahrhundert. Außerdem gingen zahllose Handschriften aufgrund von Konflikten, Plünderungen, Überflutungen und Bränden verloren. Vertreibungen zwangen viele Familien, ihre Handschriften zu verstecken – manchmal indem man sie sie einfach im Sand vergrub –, sie Freunden und Verwandten anzuvertrauen oder das Risiko auf sich zu nehmen, sie mitzunehmen. Während der Kolonialzeit wanderten die Bibliotheken in den Untergrund, um nach dem Rückzug der Franzosen 1960 wieder aufzutauchen.

Viele der privaten Bibliotheken von Timbuktu wurden jahrhundertelang von Generation zu Generation weitervererbt, Sammlungen, die sich auf verschiedene Zweige einer Familie verteilt hatten, wieder zusammengeführt. Der beste Schutz waren dabei vermutlich die Anmerkungen, die in vielen Sammlungen gefunden wurden und verfügen, dass diese innerhalb der Familie behalten werden sollen und nicht verkauft werden dürfen. Eine dieser Notizen aus der Bibliothek von Mohamed Tahar fordert, dass das Buch »nicht verkauft oder [verpfändet] werden darf, sondern für immer im Nachlass von Mohamed al-Tahar und seinen Nachfahren verbleiben soll«.[34] Dass diese Sammlungen überlebt haben, liegt auch am strikten Festhalten am Familienerbe und an der Hingabe an das Wissen der Ahnen und dessen Weitergabe über viele Generationen. Der weitere Erhalt dieser privaten Sammlungen hängt davon ab, ob die enge Verbindung zwischen den Sammlungen und ihren Verwaltern erhalten bleibt, die oftmals die direkten Nachfahren jener Gelehrten sind, die ursprünglich die Handschriften sammelten, schrieben oder kopierten, die wir heute finden.

ANMERKUNGEN

Dieses Buch stützt sich hauptsächlich auf das Werk von Professor John Hunwick. Seine Schriften über das Songhai-Reich, über die Beziehungen zwischen Nord- und Subsahara-Afrika, über den Sklavenhandel durch die Sahara und die Islamisierung in Westafrika, vor allem aber auf seine grundlegenden Werke über seine drei Spezialgebiete: Timbuktu, Nigeria und Ghana.

Vor allem seine Publikationen im Verlag Brill Academic Publishers wurden hier herangezogen: *Timbuktu and the Songhay Empire: Al-Sa'di's Ta'rikh al-Sudan down to 1613 and other Contemporary Documents* (1999), *Arabic Literature of Africa Volume IV – The Writings of Western Sudanic Africa* (2003) ebenso wie seine zahlreichen Veröffentlichungen zusammen mit Markus Wiener (siehe Literaturverzeichnis).

Bei den Übersetzungen aus dem Arabischen wurde hauptsächlich auf zwei Quellen zurückgegriffen: John Hunwicks Übersetzung des *Tarikh al-Sudan in Timbuktu and the Songhay Empire* sowie *Corpus of Early Arabic Sources for West African History*, hrsg. u. übers. von J. F. P. Hopkins und N. Levtzion (Cambridge, 1983; Neuaufl. 2000). Um Verwirrungen zu vermeiden, wurde die Schreibweise in Zitaten vereinheitlicht, sofern das die Bedeutung nicht veränderte.

Ergänzend zog ich die Werke anderer Wissenschaftler heran, insbesondere die Beschreibungen der Herrschaft der Umari von David Robinson, die von Hamdallahi von William Allen Brown sowie Elias Saads Ausführungen über die wissenschaftliche Tradition Timbuktus.

Diese wiederum stützen sich auf frühere afrikanische Gelehrte, insbesondere auf diejenigen, die die mündlichen Traditionen studiert haben, wie Amadou Hampâté Ba, Youssouf Tata Cissé und Bintou Sanankoua.

Abkürzungen

ALA IV
Arabic Literature of Africa Volume IV – The Writings of Western Sudanic Africa. Ein Überblick über die wissenschaftlichen und literarischen Werke muslimischer Autoren Westafrikas mit Ausnahme Nigerias. Darunter sowohl Biografien der Gelehrten als auch Auflistungen ihrer Schriften-Serie *Arabic Literature of Africa.* Zusammengestellt v. John O. Hunwick mithilfe v. Ousmane Kane, Bernard Salvaing, Rüdiger Seesemann, Mark Sey und Ivor Wilk, hrsg. v. Hunwick, John O. und R. S. O'Fahey, und red. betreut v. Albrecht Hofheinz, Muhammad Sani Umar und Knut S. Vikør (Leiden, 2003)

Barth
Barth, Heinrich, *Reisen und Entdeckungen in Nord- und Centralafrika. 5 Bände.* Gotha 1855–1858 (Nachdruck Saarbrücken 2005)

Caillié
Caillié, René, *Journal d'un Voyage à Temboctou et à Jenné dans l'Afrique Centrale*, in 3 Bänden; (Paris, 1829; Neuaufl. 1965)

Chemins du Savoir
Les manuscrits arabes et a'jami dans la région soudano-sahélienne. Colloque International 13–17 juin 2005 – Rabat (Rabat, 2006)

Atelier CNRST
Centre National de la Recherche Scientifique et Technologique (CNRST), »Atelier sur l'Exploitation Scientifique des Manuscrits de Tombouctou – Rapport Final, 21–23 décembre 2006« (Bamako, 2006)

Corpus
Hopkins, J. F. P., und N. Levtzion, Hrsg. und Übers., *Corpus of Early Arabic Sources for West African History* (Cambridge, 1983; Neuaufl. in Princeton, 2000)

Saad
Saad, Elias, *Social History of Timbuktu: the Role of Muslim Scholars and Notables* (Cambridge, 1983)

TSE
Hunwick, John O., Hrsg. und Übers., *Timbuktu and the Songhay Empire: Al-Sa'di's Ta'rikh al-Sudan down to 1613 and other Contemporary Documents* (Leiden, 1999)

TF
Ibn al-Mukhtar/Mahmud Ka'ti b. al-Hajj al-Mutawakkil, Ta'rikh al-Fattash, hrsg. und ins Franz. übers. v. Houdas, O., und M. Delafosse, *Tarikh El-Fettach, ou chronique du chercheur pour servir à l'histoire des villes, des armées et des principaux personnages du Tekrour* (Paris, 1964)

Anmerkungen zur Einführung
S. 8–16

1 Shamil Jeppie, Lehrbeauftragter an der Cape Town University, Südafrika
2 TF S. 313
3 Levtzion, N., *Ancient Ghana and Mali* (London, 1973)
4 Der Statthalter Timbuktus beleidigte Sonni Ali, den Herrscher der Songhai, in einem Brief als schlechten Muslim. Dieser verstand das als Kriegserklärung. Al-Maghili verfasste Werke, die zu einer Verfolgung der Juden führten.
Der Fundamentalist Ahmadu Lobbo versuchte seine Autorität über den Nigerbogen und insbesondere über die Untertanen, die den Transport auf dem Flussweg bewerkstelligten, zu legitimieren, indem er den *Tarikh al-Fattash* fälschte und sich in Briefen an hohe Beamte in Nordafrika als 12. Kalif ausrief.
Al-Baqqai al-Kunti aus Timbuktu bezichtigte den Herrscher des Kalifats Hamdallahi, Amadu Amadu, der Oberflächlichkeit und meinte, dass dieser weder über das Wissen noch über den Auftrag verfüge, einen *Dschihad* durchzuführen. Omar Tall verfasste Bücher, um seine »heiligen Kriege« zu rechtfertigen.
5 Siehe insbesondere Levtzion, N., und R. L. Pouwels, Hrsg., *The History of Islam in Africa* (Athen/OH, 2000); J.D. Fage, *A History of Africa*, 3. Aufl. (London/New York, 1995); sowie zahlreiche andere vom Institut des Etudes Africaines in Rabat, Marokko, veröffentlichte Werke
6 Beispielsweise *Das Epos des Askiya Muhammad* oder *Das Epos von Sunjata, dem Gründer des Reiches Mali.* Siehe auch Ba, A. H., und J. Daget, *L'Empire Peul du Macina [1818–1853]* (Abidjan, 1962)
7 Siehe McIntosh, Roderick J., *The Peoples of the Middle Niger: The Island of Gold*, (London, 1998); De Moraes Farias, P. F., Hrsg., *Arabic Medieval Inscriptions from the Republic of Mali: Epigraphy, Chronicles and Songhay-Tuareg History* (Oxford, 2004); *Vallées du Niger, Musée national des arts et d'Océanie, 12 octobre 1993– 10 janvier 1994*, Ausstellungskatalog (Paris, 1993)
8 Das gilt vor allem für die Fulbe und die Tuareg. Die Familien verschiedener ethnischer Gruppen behaupten, entweder vom Propheten Mohammed oder aus Saudi-Arabien und dem Jemen zu stammen, wodurch Unterscheidungen zwischen Arabern, Berbern, Mauren und lokalen Gruppen an Schärfe verlieren.
9 Hunwick, John O., »The Mid-Fourteenth Century Capital of Mali«, in: *Journal of African History 14, 2*, S. 195–206 (1973)
10 Die Bände I–IV wurden zwischen 1993 und 2003 veröffentlicht. Die Bände V–VI sind für 2008 in Vorbereitung.
11 Die Al-Furqan Islamic Heritage Foundation in London hat [S. 151] mehrere Kataloge mit Handschriftensammlungen aus der Region veröffentlicht. Elektronische Datenbanken umfassen auch ADJAB, das in Zusammenarbeit der Universität v. Oslo und dem Institut de recherche et d'histoire des textes (IRHT) in Paris entstand, das in Chicago beheimatete Arabic Manuscript Management System (AAMM) und die Datenbanken der westafrikanischen arabischen Manuskriptsammlung der Northwestern University in Evanston.
12 Leo Africanus, *Della Discrittione dell'Africa*, [TSE, S. 282] (1526)

Anmerkungen zu
1 Wo das Kamel das Kanu trifft
S. 34–62

1 [eigentlich: BU S. 34] Barth, S. 685 (1965)

2 Das sind nur Durchschnittswerte; die jährlichen und saisonalen Abweichungen sind erheblich.

3 »Tin« bedeutet in der Tamashek-Sprache »gut«. Benjaminsen, Tor Arve, und Gunnvor Berge: *Une histoire de Tombouctou*, aus dem Norw. ins Franz. übers. v. Yves Boutrou, S. 87 (Arles, 2004). Al-Sadi gibt im *Tarikh al-Sudan* eine andere Erklärung: Die Sklavin sei »Tinbuktu [genannt worden], was in ihrer Sprache [Songhai] [die mit der] ›Geschwulst‹ bedeutet«. [TSE, S. 29]

4 Gemäß al-Sadi im *Tarikh al-Sudan* »wurde Timbuktu von den Maghsharan-Tuareg gegen Ende des 5. Jahrhunderts der Hidschra [circa 1100 n. Chr.] gegründet. Sie kamen im Sommer dorthin, um ihre Herden an den Ufern des Flusses am Dorf von Amadia grasen zu lassen, wo sie ihr Lager aufschlugen. In der Regenzeit machten sie sich in Etappen nordwärts auf die Heimreise bis nach Arawan im Hochland und lagerten dort. So wählten sie den Ort für diese tugendhafte, reine und stolze Stadt, die von Gottes Willen, einem günstigen Klima und [kommerziellen] Aktivitäten begünstigt ist. Sie ist mein Geburtsort und der Platz, für den mein Herz schlägt. Die Stadt ist unbefleckt von der Götzenverehrung, wo niemand im Namen Gottes des Barmherzigen unterworfen wird, ein Refugion für gelehrsame und rechtschaffene Menschen, ein Lieblingsplatz für Heilige und Asketen und ein Treffpunkt für Karawanen und Boote.« TSE, S. 29. Al-Sadi definiert die »Tuareg« als »Massufa, die aus Sanhaja stammen«. TSE, S. 35

5 Ibn Battuta, *The Journey* (1355) [Corpus, S. 303]

6 Leo Africanus' ursprünglicher arabischer Name lautete Al-Hasan ibn Muhammad al-Wassan al-Zayyati.

7 In weiten Teilen der Literatur, darunter auch im *Tarikh al-Sudan*, werden die verschiedenen Berber-Gruppen als Tuareg bezeichnet. Der Name »Tuareg« (oder »Tawâriq« im Arabischen) wurde von Fremden und Außenstehenden verwendet.

8 Ibn Battuta (1355) [Corpus, S. 301]

9 Zouber, Mahmoud, *Le patrimoine écrit au Mali*, in: *Chemins du Savoir* (2006)

10 Stewart, Charles, *Islam and Social Order in Mauritania*, S. 35–53 (Oxford, 1973)

11 Die Sprache der Fulbe ist Fulfulde, aber die Fulbe aus dem Senegal und aus Guinea nennen ihre Sprache Pulaar.

12 Ein Muster, das auch heute noch in den sozialen Beziehungen zwischen verschiedenen ethnischen Gruppen zum Tragen kommt, oft als »scherzhafte Beziehung« oder als »Witz« bezeichnet.

13 »Zwischen Tamantit und der Grenze von Mali an einem Ghar genannten Ort gibt es eine kaum bekannte Wüste, wo die Wege und Wasserplätze nur von den erfahrenen Führern gefunden werden, die von den schleiertragenden Nomaden in dieser Wildnis ergezogen wurden. Die Kaufleute heuern diese zu einem hohen Preis als Eskorte an.« Ibn Chaldun, *The Book of Examples and the Register of Subject and Predicate in the Days of the Arabs, the Persians, and the Berber* (1374–78) [Corpus, S. 339]

14 Ibn Battuta (1355) [Corpus, S. 283]

15 Interview mit Sidi Mohamed ould Youbba 2007. Der französische Forscher René Caillié reiste 1828 durch die Wüste mit einer Geschwindigkeit von circa 3 km/h mit einer Karawane aus ungefähr »1400 Kamelen, von denen jedes eine Last von 500 Pfund trägt, und aus 250 Menschen zu Fuß«. [Caillié, S. 106, S. 42] Während der Blütezeit des Transsahara-Handels waren die Karawanen vermutlich noch viel größer, auch wenn die Richtigkeit überlieferter Zahlen nicht verifiziert werden kann. Ibn Chaldun berichtet in seinem »Buch der Beispiele« aus dem 14. Jahrhundert von einer Karawane aus 12 000 Kamelen [Corpus, S. 339] Ein Spanier, der in Marrakesch Informationen für König Philipp II. von Spanien sammelte, behauptet, dass die Marokkaner 1591 mit 10 000 Kamelen, die Munition, Zelte, Wasser und Proviant trugen, auszogen, um Timbuktu einzunehmen (*An Account of the Saian Conquest of Songhay by an anonymous Spaniard* [TSE, S. 319])

16 Ibn Battuta (1355) [Corpus, S. 303]

17 Leo Africanus, *Della discrittione dell'Africa*, TSE, S. 282

18 TF, S. 270

19 Al-Umari, *Pathways of Vision in the Realms of the Metropolises* (1337–38) [Corpus, S. 267]

20 Al-Masudi, *The Meadows of Gold and the Mines of Jewels* (947) [Corpus, S. 32] Al-Masudi war vermutlich der Erste, der über den »leisen Handel« mit Gold schrieb.

21 Watson, Andrew, *Back to Gold and Silver*, in: *Economic History Review* 20 (1967); Nehemia Levtzion, *Ancient Ghana and Mali*, S. 131–33 (London, 1973)

22 Al-Umari (1337–38) [Corpus, S. 275]

23 Ein nordafrikanischer Reisender beschrieb dem iranischen Geografen Al-Qazwini 1275 eine Stadt, die in der Nähe einer der Salzminen in der nördlichen Sahara entstand: »Die Festungswälle der Stadt [Taghaza] bestanden aus Salz, ebenso wie ihre Mauern, Pfeiler und Dächer. Auch die Türen waren aus Salzplatten gemacht, die mit Leder bedeckt waren, damit die Ecken nicht abbrachen. Das ganze Land rund um diese Stadt ist eine Salzpfanne, wo Salz und Alaun abgebaut werden. Wenn dort ein Tier stirbt, wird es in die Wüste geworfen und verwandelt sich in Salz. Salz ist im Sudan sehr wertvoll. Seine Einwohner sind die Sklaven der Massufa und ihre Aufgabe ist es, das ganze Jahr über Salz zu sammeln. Die Karawane kommt einmal im Jahr.« Al-Qazwini, *The Marvels of the Created Beings and the Monuments of the Lands* (1275) [Corpus, S. 178]

24 Ahmed Baba, *Ayn al-isaba fi hukm taba*, »Über die Rechtmäßigkeit des Tabakgenusses« (1610). Siehe Mahmoud A. Zouber, *Ahmad Baba de Tombouctou 1556–1627: sa vie et son   uvre* (Paris, 1977)

25 Leo Africanus (1526) [TSE, S. 281]

26 Mahmud Kati konnte durch die Großzügigkeit von Askiya Dawud eine Kopie von *al-Qamus al-muhit*, dem großen Wörterbuch von al-Firuzabadi, für 80 Mithqal erwerben [TSE, S. 108]. Dies entsprach – gemäß der Summe, die von Leo Africanus für einen solchen Kauf in Gao angegeben wird – dem Preis für zwei Pferde.

27 Scheich Sidi al-Mukhtar al-Kabir war bekannt dafür, dass er den Karawanen einen Diener entgegensandte, um das erste Gebot abgeben zu können. Sheikh ben Hamada Kounta, »Présentation du Centre Sheikh Sidi Al Moukhtar Al Kadir Kounti pour la Recherche et la Documentation à Gao« (2006) *Chemins au Savoir*, S. 79

28 Al-Umari (1337–1338) [Corpus, S. 271]

29 Aus dem Manuskript Nr. 5777, Ahmed-Baba-Institut. Timbuktu. Interpretation von Seydou Traoré, in: »Relations Commerciales entre Tombouctou et Ghadames du 14è à l'Epoque Coloniale« [Atelier CNRST, S. 50]

30 Ibn Chaldun (1374–78) [Corpus, S. 335]

31 TSE, S. 148

32 Al-Idrisi (1154) [Corpus S. 109]

33 Al-Bakri, »The Book of Routes and Realms« (1068) [Corpus, S. 68]

34 Hunwick, John O., und Fatima Harrak, Hrsg. und Übers., *Mi'raj al-Su'ud: Ahmad Baba's Replies on Slavery*, Arabic text and English translation (Rabat, 2000)

35 Khalil ibn Ishaq, al-Mukhtasar, Übers. G. H. Bousquet, *Abrégé de la loi musulmane selon le rite de l'Imâm Mâlik* (Algier, 1956)

36 Manuskript Nr. 5785, Ahmed-Baba-Institut, Timbuktu. Interpretation von Seydou Traoré in »Relations Commerciales entre Tombouctou et Ghadames du 14è à l'Epoque Coloniale« [Atelier CNRST, S. 52]

37 Ibn Hawqal, »The Picture of the Earth« (10. Jahrhundert) [Corpus, S. 49]

38 Al-Istakhri, »The Book of Routes and Realms« (10. Jahrhundert) [Corpus, S. 41]

39 Al-Idrisi (1154) [Corpus, S. 110]

40 Ibn Chaldun (1374–78) [Corpus, S. 333]

41 Al-Umari (1337–38) [Corpus, S. 262]

42 Ibn al-Dawadari, »The Treasure of Pearls and the Assemblage of Choice Objects« (1335) [Corpus, S. 250]

43 TSE, S. 9

44 Al-Umari [Corpus, S. 270–71]

45 Ibn Battuta [Corpus S. 295–97]

46 TSE, S. 12

47 Ebd., S. 12

48 Ebd., S. 93

49 TF, S. 114

50 TF, S. 131. Auch TSE, S. 105

51 Siehe John O. Hunwick, *Jews of a Saharan Oasis* (Princeton, 2006)

52 Crone, G. R., Hrsg. und Übers., *The Voyages of Cadamosto and other Documents on Western Africa in the Second Half of the Fifteenth Century*, S. 86 (London, 1937)

53 »The Replies of al-Maghili to the Questions of Askia al-Hajj Muhammad«, Übersetzung in: John O. Hunwick, *Shari'a in Songhay*, S. 152 (Oxford, 1985)

54 Park, Mungo, *Travels into the Interior of Africa*, Band I, S. 211 (London, 1799; Neuaufl. 1983)

55 TF, S. 119

56 TSE, S. 187

57 Ebd., S. 198
58 Brief von Mulay Ahmed al-Mansur an Kanta Dawud von Kebbi (undatiert) [TSE, S. 304]
59 Ebd., S. 221
60 Ebd., Fußnote Nr. 30, S. 221
61 Ebd., S. 318. »An Account of the Sadian Conquest of Songhay by an anonymous Spaniard.«
62 Ebd., S. 256
63 Al-Mukhtar gab mehrere *Fatwas* gegen Lobbos »Bekanntmachung« heraus, die den Kontakt zwischen nicht miteinander verheirateten oder eng verwandten Männern und Frauen verbot. Al-Mukhtar, Ajwiba, fos 219r. Saad, S. 217, Fußnote Nr. 181, S. 295. Siehe auch Vikør, Knut S., »Sufi Brotherhoods in Africa«, in: *The History of Islam in Africa*, Hrsg. N. Levtzion, und R. L. Pouwels (Athen/Ohio, 2000)
64 TF, S. 315.; Saad, S. 86–87
65 Geneviève, J., »Les Kountas et leurs activités commerciales« (1950), in: *Bull. IFAN XII*, S. 1111–27
66 Barth, S. 299. Hamdallahi rächte sich mit der Blockade von Timbuktus Hafen Kabara und schnitt die Stadt damit von der Lebensmittelversorgung ab.
67 Ebd., S. 395
68 Ebd., S. 430
69 Caillié, René, Band 2, S. 49 (1830)
70 Barth, Appendix XIV »Al-Bakkay's letter of Recommendation«, übers. von Dr. Nicholson, S. 764 (1853)
71 Benjaminsen, Tor Arve, und Gunnvor Berge, *Une histoire de Tombouctou*, aus dem Norw. ins Franz. übers. v. Yves Boutroue, S. 70 (Arles, 2004)
72 Ebd., S. 83

Anmerkungen zu
2 Ein Refugium für Gelehrte
S. 80–100

1 »Die Menschen kamen aus allen Richtungen hierher, und mit der Zeit wurde es zu einem Handelszentrum. Die häufigsten Händler dort waren welche aus Wagadu, gefolgt von anderen aus dieser Gegend. Vorher war das Zentrum für den Handel die Stadt Biru gewesen, zu der die Karawanen von überall her zogen. Die wichtigsten Gelehrten und Heiligen, die Reichen jeden Stammes und Gebietes ließen sich hier nieder – Männer aus Ägypten, Awjila, Fessan, Ghadames, Tuwat, Dar'a, Tafilalt, Fez, Sus, Bitu usw. Nach und nach übersiedelten diese, zusammen mit [Vertretern] aller Zweige der Sanhaja, nach Timbuktu, bis es zum Bersten voll war. Das Wachstum Timbuktus ruinierte Walata, da dessen Entwicklung – die Religion wie den Handel betreffend – gänzlich aus dem Westen kam.« [TSE, S. 30]
2 TSE, S. 91
3 Ebd., S. 158
4 Ebd., S. 223
5 Die Marokkaner waren sehr beeindruckt von den Werken Ahmed Babas und veranlassten ihn, während seines Aufenthaltes zu unterrichten [siehe S. 133].
6 Man hat bislang drei Kopien des *Tarikh al-Fattash* gefunden. Diese weichen voneinander ab, entweder weil Seiten verloren gegangen sind oder weil das Werk gefälscht oder manipuliert worden ist, um spätere Ansprüche zu legitimieren. Bei der Bearbeitung und Übersetzung des Textes im Jahr 1913 schlossen Houdas und Delafosse Passagen ein, die nur in einer der Handschriftkopien zu finden sind, sodass der momentan erhältliche, auf Arabisch veröffentlichte und ins Französische übersetzte Text eine Verschmelzung aus dem ursprünglichen Material aus dem 16. und 17. Jahrhundert sowie aus Verfälschungen aus dem 19. Jahrhundert darstellt.
7 Siehe John O. Hunwick, »Fez and West Africa in the fifteenth and sixteenth centuries: scholarly and sharifian networks«, in: *Fès et l'Afrique: Relations économiques, culturelles et spirituelles*, S. 57–71 (Rabat, 1996)
8 Die Malinesen erbauten eine Medresse in Kairo, wo ihr Gefolge während der Pilgerfahrten nach Mekka wohnten. Al-Umari [*Corpus*, S. 261]
9 Die »Kette«, in der das islamische Wissen und die islamische Autorität weitergegeben wird, insbesondere die Übermittlung der spirituellen Gefolgschaft und des mystischen Wissens, nennt sich *Silsila*. Ein *Isnad* ist ein Dokument, das Gelehrte auflistet, durch die Autorität übermittelt wurde. Der *Isnad* eines bestimmten Gelehrten zeigt also zum einen, woher er sein Wissen hat, zum anderen wie es umgeformt worden sein könnte.
10 Reichmuth, Stefan, »Islamic Education and Scholarship in Sub-Saharan Africa«, in: Levtzion, N. und R. L. Pouwels, Hrsg., *The History of Islam in Africa*, S. 424 (Athen/OH, 2000)
11 Ahmed Baba verlieh einem Gelehrten die *Ijaza* [die Lehrerlaubnis – d. Ü.] und damit die Erlaubnis, alles weiterzugeben, für das er selbst eine Lizenz erworben hatte, wann immer dieser es wünschte und in selbst gewählten Worten, wenn es nur unverfälscht und genau war. Solche *Ijazas* vermitteln uns ein besseres Bild von Ahmed Babas Mentoren und den Quellen, aus denen die vorangegangenen Generationen der Gelehrten Timbuktus zumindest einen Teil ihrer Bildung bezogen. Hunwick, John O., »Further Light on Ahmad Baba al-Tinbukti«, in: *Research Bulletin, Centre of Arabic Documentation*, ii/1, S. 20–21 (1966)
12 Wilks, Ivor, »The Transmission of Islamic Learning in the Western Sudan«, in: Goody, J., Hrsg., *Literacy in Traditional Societies*, S. 171 (Cambridge, 1968)
13 Schätzungen der Bevölkerungszahl Timbuktus im 15. und 16. Jahrhundert gehen von 25 000 bis zu 100 000 Menschen aus. R. Mauny (1961) in *Tableau géographique de l'ouest africain au moyen âge*, Dakar: IFAN [Mém. de l'IFAN, 61], schätzt, dass Timbuktu nur 25 000 Einwohner hatte. Lokale Historiker aus Timbuktu selbst nennen eine Bevölkerungszahl von 100 000, wobei jeder vierte Bewohner Student gewesen sein soll (Interview mit Salem ould el Hadje im Jahr 2007). Im *Tarikh al-Fattash* wird berichtet, dass es 26 Schneiderwerkstätten gegeben haben soll, in denen viele Studenten arbeiteten. Jede Werkstatt hatte zwischen 50 und 100 Lehrlinge [TF, S. 315]. Elias Saad schätzt, dass es in dieser Zeit 200 bis 300 Gelehrte gab [Saad, S. 82]. Als René Caillié Timbuktu 1828 bereiste, gab er die Bevölkerung mit 10–12 000 an [Caillié, S. 56], während Heinrich Barth von 13 000 Einwohnern berichtet sowie von einer zusätzlichen »fluktuierenden Bevölkerung« von noch einmal 10 000 [Barth, S. 326]. Heute soll Timbuktus Einwohnerzahl bei 30 000 liegen, sie steigt aber bei Ereignissen wie beispielsweise Festen in der Stadt erheblich an.
14 TSE, S. 73–74
15 Aus einer Interpretation von Mohamed Baye von verschiedenen Handschriften des Ahmed-Baba-Instituts, vorgestellt in: »Science de l'Education à travers les manuscrits de l'IHERIAB« [*Atelier CNRST*, S. 46]
16 Ibn Battuta [*Corpus*, S. 300]
17 Barth, S. 372
18 John Hunwick stieß 1992 im Ahmed-Baba-Institut auf fast 200 Dokumente, die sich auf den Kauf, den Verkauf, die Vererbung und Schenkung von Sklaven ebenso wie auf Freilassungen bezogen. In einem Dokument wird berichtet, dass eine Frau, die einen Viertelanspruch auf einen Sklaven erbte, diesen als wohltätige Gabe zur Wiedergutmachung ihrer Sünden schenkte. Ein anderes ist eine *Fatwa* aus der Kolonialzeit über die Frage, ob ein Herr die Steuern seines Sklaven zahlen sollte. Hunwick, John O., »CEDRAB: the Centre de Documentation et de Recherches Ahmad Baba at Timbuktu« in: *Sudanic Africa 3*, S. 173–81
19 Als der Erste Weltkrieg ausbrach, schrieben viele westafrikanische Gelehrte Unterstützerbriefe an die Franzosen, aber während die meisten sich kurz fassten, schickten die Gelehrten Timbuktus »eine ausgearbeitete rechtswissenschaftliche Abhandlung, die einen Überblick über fast die gesamte Geschichte ihrer Stadt enthielt« [*Saad*, S. 221].
20 Number 218, Ismael Diadié Haidara, »Marginalia« (2006) [*Chemins du Savoir*, S. 59]
21 Berge, G., D. Diallo und B. Hveem, *Les plantes sauvages du Sahel malien: les stratégies d'adaptation à la sécheressse du Sahéliens*, S. 135 (Paris, 2005)
22 Salvaing, Bernard , »La question des manuscrits au Fuuta Jaloo (Guinée)« (2006) [*Chemins du Savoir*, S. 108]
23 Diagayeté, Mohamed, »Présentation de quelques manuscrits des auteurs peul du Mali à l'IHERI-AB« (2006) [*Atelier CNRST*, S. 36]
24 Die arabische Schrift beinhaltet generell nur die Konsonanten und die langen Vokale und lässt die kurzen Selbstlaute weg. Die Vokalisierung ist der Prozess des Hinzufügens dieser kurzen Vokale. Der Text des Korans ist immer vokalisiert, ebenso wie einige kanonische Werke zur Grammatik oder über das Recht, bei denen eine präzise Aussprache und/oder ein genaues Verständnis [S. 153] sichergestellt werden sollen. Die Vokalisierung kann auch der Korrektor vornehmen. Siehe Glossar.

25 Abdel Kader Haidara, »Bibliothèque Mamma Haidara de Tombouctou«, in: *Chemins du Savoir*, S. 49 (2006); Mohamed Maghraoui, *Guide de l'Exposition sur les manuscrits de Tombouctou: Patrimoine Partagé, Rabat 13–17 juin 2005*, S. 24 (2005); Marty, Bruno, »Histoire de l'Ecriture«, in: Abdelhamid, Arab et al., *Les Trésors Manuscrits de la Méditerranée*, S. 62 (2005). Besonderer Dank gilt Philippe Roisse vom Centre de Documentation et de Recherches Arabes Chrétiennes (CEDRAC) der Universität St. Joseph in Beirut und Mohamed Maghraoui von der Université Mohamed V–Agdal, Rabat, für ihre Unterstützung bei der Beschreibung dieser Kalligrafie-Stile Westafrikas.
26 Bloom, Jonathan, *Paper Before Print: The History and Impact of Paper in the Islamic World*, S. 86–87 (New Haven, 2001)
27 Barth, S. 475

Anmerkungen zu
3 Bibliotheken und Gelehrte – Einst und Jetzt
S. 126–149

1 »Al-Ifrani's account of the Sadian conquest«, TSE, S. 315
2 Saad, S. 62 und Appendix 12, S. 247
3 Diese Biografien sind dem ALA IV entnommen, wenn nicht anders angegeben.
4 Merkfrüchte ähneln Cashew-Nüssen, können aber unbehandelt sehr giftig sein. (Dank an Dr. Berit Smestad Paulsen, Abteilung für Pharmazie an der Universität von Oslo)
5 Saad, S. 60
6 TSE, S. 72
7 TSE, S. 54
8 Ebd., S. 40–42; siehe auch *Saad*, S. 43
9 Saad, S. 75
10 Ahmed Baba (1596), *Nayl al-ibtihaj bi-tatriz al-dibaj, on margins of Ibn Farhun, al-Dibaj al-mudhahhab fi ma'rifat a'yan'ulama« al-madhha*, Kairo 1351/1932–33
11 Da nach den Regeln des Islam gegen andere Muslime kein Krieg geführt werden durfte, konnten nur »Ungläubige« gefangen genommen und als Sklaven gehalten werden. In den islamischen Lehren finden sich keine Erwägungen darüber, ob Menschen durch eine bestimmte Hautfarbe zu Sklaven bestimmt würden. Gemäß Muhammad al-Sanusi al-Jarimi (*Tanbih ahl al-tuhghyan ala hurriyyat al-sudan*, MS 1575, IHERIAB, Timbuktu) sagte der Prophet Mohammed, dass »der Araber nicht mehr wert sei als der Nicht-Araber, ebenso wenig wie der Nicht-Araber mehr wert sei als der Araber oder der Weiße mehr als der Schwarze oder der Schwarze mehr als der Weiße, außer hinsichtlich der Hingebung an Gott. Aus Gottes Sicht ist der Edelste unter euch sicherlich derjenige, der am tiefsten glaubt.« Siehe auch Drissa Diakités Überblick über mittelalterliche arabische Autoren, die über Schwarze in Afrika schrieben: »Le ›pays des noirs‹ dans le récit des auteurs arabes anciens«, in: *Notre Librairie*, 95 (octobre–décembre 1988), S. 16–25

12 »Al-Ifrani's account of the Sadian conquest«, in: *TSE*, S. 316
13 Baghayogho war auch eine Art Vater oder Onkel für Ahmed Baba, denn als dieser seinen Vater verlor, heiratete Baghayogho dessen Mutter.
14 Ahmed Baba (1596), Op cit, S. 341. Eine ähnliche Beschreibung findet sich auch im *Tarikh al-Sudan, TSE*, S. 62
15 TSE, S. lxiii–lxv
16 Das Manuskript wird heute in einer privaten Bibliothek in Timbuktu unter der Leitung von Ismael Diadié Haidara aufbewahrt, der John O. Hunwick gestattete, diese Seite zu veröffentlichen und zu übersetzen. Siehe Hunwick, *Sudanic Africa*, xii, S. 111–14 (2001)
17 Gemäß dem Historiker und Nachkommen von Ali bin Ziyad, Ismael Diadié Haidara, verließ Ali bin Ziyad al-Kuti al-Tulaytuli al-Andalusi Castille und fand sich 1468 in Tuwat, am nördlichen Rand der Sahara, wieder. Unterwegs war er durch Ceuta, Fez und schließlich durch Sijilmassa gekommen, wo er sechs Monate lang blieb. Von Tuwat aus reiste er nach Mekka, bevor er die Straße ins »Land der Schwarzen« (*bilad al-Sudan*) nahm. Er blieb vier Monate in Walata und ließ sich dann in Gumbu, in der Soninke-Region, nieder. Hier heiratete er Prinzessin Kadija bint Abubakr Sylla, die Nichte des Songhai-Herrschers Sonni Ali Ber und ältere Schwester des künftigen Herrschers, Askiya Muhammad. Zusammengefasst in Ismael Diadié Haidara, »Marginalia«, in: *Chemins du Savoir*, S. 57 (2006); siehe auch Albrecht Hofheinz, »Goths in the Lands of the Blacks: A Preliminary Survey of the Ka'ti Library in Timbuktu«, in: *The Transmission of Learning in Islamic Africa*, hrsg. von Scott Reese, S. 154–83 (Leiden, 2004)
18 Aus einem Interview mit Salem ould el Hadje (2007)
19 Ebd.
20 Stewart, Charles, *Islam and Social Order in Mauritania*, S. 35–53 (Oxford, 1973)
21 Sidi Mohamed ould Youbba, »Bibliothèque de Bula'raf«, in: *Chemins du Savoir* (2006); siehe auch ALA IV, S. 53–54
22 Aus einem Interview mit dem Gelehrten Mahamane Mahamoudou [Hamou genannt] aus Timbuktu (2006)
23 Ebd. Siehe auch ALA IV, S. 64
24 Das Ahmed-Baba-Institut für Höhere Bildung und Islamische Studien (IHERIAB), früher das Ahmed-Baba-Zentrum für Dokumentation und Forschung (CEDRAB)
25 Abdel Kader Haidara (2002), »Bibliothèques du Désert: Difficultés et Perspectives«, in: *Les Bibliothèques du désert: recherches et études sur un millénaire d'écrits*, hrsg. von Attilio Gaudio, Paris: L'Harmattan, S. 187–203
26 Aus einem Interview mit Imam Mahmoud Baba Hasseye (2007), der die Einweihung des Ahmed-Baba-Instituts (IHERIAB) organisierte
27 Aus einem Interview mit Moctar Sidi Yahia al-Wangari (2005) und aus einer Zusammenfassung seines Vortrags auf der *Chemins-du-Savoir*-Konferenz 2005 in Rabat

28 1974 wurden circa 500 Bände geplündert, offenbar von unbekannten Eindringlingen aus einem Nachbarland. Für eine Beschreibung der Bibliothek siehe Abdel Kader Haidara, »Bibliothèque Mamma Haidara de Tombouctou« (2006), in: *Chemins du Savoir*, S. 41–55
29 Ismael Diadié Haidara (2006), »Marginalia«, in: *Chemins du Savoir*, S. 57–64
30 Mohamed Maghraoui (2005), *Guide de l'Exposition sur les manuscrits de Tombouctou: Patrimoine Partagé, Rabat 13–17 juin 2005*. Bibliothèque Nationale du Royaume du Maroc, Rabat: Institut des Etudes Africaines, S. 13
31 Ismael Diadié Haidara (2006), »Marginalia«, in: *Chemins du Savoi*, S. 60
32 Sidi Mohamed ould Youbba (2006), »La Bibliothèque de Bula'raf«, in: *Chemins du Savoir*, S. 67–72
33 Aus einem Interview mit Mahmoud A. Zouber, dem ersten Direktor des Ahmed-Baba-Instituts, der eng mit Mamma Haidara zusammenarbeitete, um Timbuktus Erbe an Handschriften zugänglich zu machen.
34 Interpretation von Michael Carter, *Senior Lecturer* für Arabisch am Zentrum für Studien zum Mittleren Osten an der Universität Sydney, Australien

GLOSSAR

Arabische Wörter, Eigennamen und Titel wurden im Fließtext in der einfachsten möglichen Form geschrieben. Das Glossar enthält auch verschiedene alternative Schreibungen, die in der Literatur zu finden sind; diese stehen in Klammern hinter dem Haupteintrag. Arabische Transkriptionen in diesem Buch folgen den in *Arabic Literature of Africa* dargestellten Standards, zusammengetragen von John Hunwick. Jedoch wurden diakritische Zeichen ausgelassen, mit Ausnahme einiger *ayns* und *hamzas*, die zur korrekten Aussprache belassen wurden. Der arabische bestimmte Artikel »al-« wurde in der Alphabetisierung ignoriert.

Die Namen historischer Gestalten mit lebenden Nachkommen folgen eher dem modernen malinesischen (oft französischen) Gebrauch als akademischen Normen für die Transkription des Arabischen in europäische Sprachen. Historische Personen wurden mit der akademisch akzeptierteren Form »Muhammad« geschrieben, während »Mohamed« Zeitgenossen vorbehalten blieb. Ortsnamen folgen dem im Deutschen üblichen Gebrauch. Zeitangaben im Text beziehen sich auf die christliche Zeitrechnung und nicht auf den *Hijri* bzw. den islamischen Kalender. Wichtige Orte sind auf der auf Seite 8 abgedruckten Karte verzeichnet.

Besonderer Dank gilt Albrecht Hofheinz, Knut Vikør, Charles Stewart und Gunnvor Berge für ihre Hilfe bei der Zusammenstellung dieses Glossars.

Abu al-Hasan, bekannt als »König des Maghreb«, Regierungszeit: 1331–1351
Sultan von Marokko, der für eine kurze Zeit große Teile Nordafrikas vereinte, indem er 1337 die strategisch günstig gelegene Stadt Tlemcen einnahm.

ag Tamasheq, »Sohn des«

Ahmed al-Baqqai al-Kunti
Ahmed al-Bakka'i b. Muhammad b. al-Mukhtar al-Kounti al-Wafi, circa 1803–1865
Al-Baqqai war der Enkel von al-Mukhtar al-Kabir al-Kunti, Mitte des 19. Jahrhunderts das zivile Stadtoberhaupt in Timbuktu und Gastgeber sowie Beschützer des deutschen Forschers Heinrich Barth.

Ahmad Boularaf (Ahmed Bularaf, Bou'l-Araf, Abu'l-A'raf) Ahmad b. Mubarak b. Barka b. Muhammad al-Musa-u-Ali al-Takani al-Wadnuni al-Susi al-Tinbukti, 1864–1955
Marokkanischer Kaufmann und Bücherliebhaber, der sich im frühen 20. Jahrhundert in Timbuktu niederließ, wo er eine Bibliothek und eine Werkstatt für das Kopieren und die Erstellung von Handschriften gründete.

Ahmed Baba (Ahmad Baba)
Ahmed Baba b. Ahmed b. al-Hajj Ahmed b. Umar b. Muhammad Aqit al-Tinbukti, al-Sudani, al-Musufi, al-Sanhaji, 1556–1627
Ahmed Baba war einer von Timbuktus größ-ten Gelehrten. Er wirkte dort in den letzten Jahren des Songhai-Reiches und wurde nach der marokkanischen Invasion 1591 nach Marrakesch ausgewiesen. Sein Unterricht in Marokko trug zum Prestige der Gelehrten Timbuktus ebenso viel bei wie sein umfangreiches Werk *Nayl al-Ibtihaj*, das die Biografien malikitischer Gelehrter aufzeichnet. Das Ahmed-Baba-Institut (IHERIAB) in Timbuktu ist nach ihm benannt.

Ajami arab., »Fremder, Nicht-Araber«
Bezieht sich auf den Gebrauch der arabischen Schrift zum Schreiben nichtarabischer Sprachen wie Persisch. Im Westafrika der Sahelregion und der Sahara wurden viele Handschriften in arabischer Schrift, aber in lokalen Sprachen geschriebenen, unter anderem in Songhai, Tamashek, Fulfulde, Hausa und Wolof. Pädagogische und poetische *Ajami*-Texte in Fulfulde und Hausa waren im 19. Jahrhundert besonders beliebt.

Ali bin Ziyad al-Kuti
Ali b. Ziyad al-Kuti al-Tulaytuli al-Andalusi wirkte Mitte des 15. Jahrhunderts und war ein Spanier westgotischer Abstammung, der aus Toledo in Südspanien floh und sich in Timbuktu ansiedelte. Sein Nachkomme, Mahmud Kati, war der Hauptautor der großen Chronik Timbuktus, des *Tarikh al-Fattash*.

Almoraviden, arab. *al-Murabitun*
Militante islamische Bewegung der Sanhaja-Nomaden, die in der westlichen Sahara begann, das alte Reich von Ghana destabilisierte und in der zweiten Hälfte des 11. Jahrhunderts Marokko und Andalusien einnahm und vereinte.

al-Andalus (Andalusien)
Bezeichnet die Teile der Iberischen Halbinsel, die zwischen 711 und 1492 von Muslimen und Mauren beherrscht wurden. Al-Andalus gab zwar der heutigen Provinz Andalusien in Südspanien ihren Namen, erstreckte sich auf seinem Höhepunkt aber über ein wesentlich größeres Gebiet, das vom heutigen Portugal im Westen bis zu den Südgrenzen des modernen Frankreich reichte.

Ahmadu Ahmadu (Ahmadu III.), Ahmed b. Ahmed b. Ahmed b. Muhammad Lobbo, Regierungszeit: 1853–1862
Folgte seinem Vater Séku Ahmadou (Amadu II.) als dritter und letzter Herrscher von Hamdallahi, einem islamischen Staat in Masina. Er wurde von Omar Tall 1862 besiegt und getötet, nachdem er zum »Ungläubigen« erklärt worden war.

Ahmadu Lobbo, Ahmad b. Muhammad Bubu b. Abi Bakr b. Sa'id al-Fullani, Regierungszeit: 1818–1845
Fulbe-Fundamentalist des Qadiriyya-Sufi-Ordens, der circa 1818 den islamischen Staat Masina gründete, bekannt als das Kalifat (oder Diina) von Hamdallahi, das er bis zu seinem Tod regierte.

Aqit
Familie berühmter Gelehrter in Timbuktu bis zur marokkanischen Invasion 1591, nach der sie nach Marokko verbannt wurden. Ihr gefeiertstes Mitglied war Ahmed Baba.

Araber
Arabisch sprechende Menschen von der arabischen Halbinsel. In Westafrika auch die Hassaniyya-Araber, die einen arabischen Dialekt sprechen und in einem Gebiet leben, das sich nord- und westwärts vom Nigerbogen bis an den Atlantik und südlich bis nach Marokko erstreckt.

Arawan (Arouane)
Kleine Stadt 260 Kilometer nördlich von Timbuktu auf dem Weg von Timbuktu zu den Salzminen von Taghaza und der Handelsstation Tuwat. Arawan wurde von einem Sufi-Scheich der Kel al-Suq im späten 16. Jahrhundert gegründet. Es ist die Hauptstadt der Azawad-Region.

Arma (Ruma, *al-Rumat*), arab., *al-ruma*, »Musketiere«
Eine Söldnerarmee aus Spaniern, Berbern und Arabern, die an der marrokanischen Eroberung Timbuktus 1591 beteiligt war. Die Soldaten ließen sich in der Stadt nieder und heirateten in die lokalen Eliten ein, wodurch sie zur herrschenden Schicht wurden.

Askiya (Askia)
Titel einer Herrscherdynastie des Songhai-Reiches, die von 1493 bis 1608 regierte.

Askiya Dawud (Daoud), Regierungszeit: 1549–1583
Herrscher des Songhai-Reiches während der Askiya-Dynastie, der während seiner Regierungszeit öffentliche Bibliotheken einrichtete.

Askiya Muhammad, Askiya al-Hajj Muhammad Ture, Regierungszeit: 1493–1529
»Anführer der Gläubigen« und Gründer der Askiya-Dynastie des Songhai-Reiches. Er putschte als Soninke erfolgreich gegen den damaligen Songhai-Herrscher Sonni Ali. Askiya Muhammad ist einer der Helden in den Chroniken Timbuktus, während Sonni Ali als schlechter Muslim und Tyrann verurteilt wird. Neben dem Wechsel der Dynastie liegt das daran, dass Sonni Ali seine Autorität aus lokalen Songhai-Traditionen bezog, während Askiya Muhammad seine Legitimität auf den Islam gründete und die Gelehrten unterstützte. Unter Askiya Muhammad breitete sich das Songhai-Reich weit über die am Fluss gelegenen und von Sonni Ali gegründeten Kernterritorien aus: im Norden bis zu den Salzpfannen von Taghaza und Agades. Er versuchte auch, so westlich gelegene Gebiete wie das Senegal-Tal zu kontrollieren.

Awdaghast (Tegdaoust)
Stadt westlich von Timbuktu im heutigen
Südmauretanien. Awdaghast wurde im frühen Mittelalter gegründet und war zu Zeiten
des alten Ghana ein Zentrum des Goldhandels. Seine Eroberung durch die Almoraviden
im späten 11. Jahrhundert beendete das Goldene Zeitalter des alten Ghana. Al-Bakri beschreibt im Jahr 1068 die Stadt und berichtet
über die frühe Entwicklung des Islam in dieser Gegend: »In Awdaghast gibt es eine Haupt-
moschee und viele kleinere, alle sind gut besucht [S. 155]. In allen Moscheen gibt es Ko-
ranlehrer.« (»The Book of Routes and Realms«,
übersetzt in: *Corpus*, S. 68)

Azawad
Wüstengebiete im nördlichen Mali, die sich
vom Niger bis zu den Salzminen von Taghaza
und nordöstlich von Timbuktu bis an die
heutige Grenze zu Mauretanien erstrecken.

Al-Azhar-Moschee, arab., *al-azhar* »die Blü-
hendste und Prächtigste«
Die Al-Azhar-Moschee wurde 972 n. Chr. in
Kairo gegründet. Die an die Moschee ange-
schlossene Universität ist bekannt als Wiege
der islamischen Lehre. Gelehrte aus Timbuktu machten auf ihren Pilgerreisen nach
Mekka oft an der Al-Azhar-Moschee Station.

Al-Bakri
Abu Ubayd Abd Allah b. Abd al-Aziz al-Bakri,
gestorben 1094
Al-Bakri lebte in Andalusien und sammelte
Berichte von andalusischen und nordafrikanischen Kaufleuten, die durch die Wüste
und das heutige Mauretanien gereist waren,
was ihn zu einer der wichtigsten Quellen
für die Geschichte des Westsudan macht.
Unter seinen Werken ist auch der *Kitab al-
masalik wa-'l-mamalik*, »Das Buch der Routen und Reiche« (1068), das eine der selte-
nen Beschreibungen des alten Ghana
enthält.

Bamako
Hauptstadt der heutigen Republik Mali

Barabisch
Von Arabern gesprochener Hassaniyya-Dia-
lekts im Gebiet des heutigen Mauretanien.
Diese Menschen nannte man oft einfach Araber oder Mauren.

Baraka, arab., »Segenskraft, Seligkeit«
Von Gott verliehene Segenskraft oder eine
spirituelle Macht einer Person oder eines
Objektes, durch die ungewöhnliche oder
»wundersame« Dinge geschehen.

bin ... (*ibn* oder *b.*), arab., »Sohn [von]«

Berber
Eingeborene Nordafrikas. Auch definiert als
Sprecher verschiedener Berber-Dialekte, dar-
unter die Sanhaja, Massufa und Tuareg.

Bilad al-Sudan, arab., »Land der Schwarzen«
Afrika südlich der Sahara. Im Arabischen ist
Bilad al-Sudan hauptsächlich ein historischer
Begriff für Länder, die sich an die Heimat
der hellhäutigeren Berber und Araber des
Dar al-Islam (»Länder des Islam«) anschlos-
sen. Durch den Handel und die Islamisierung waren bis zum 12. und 13. Jahrhundert
die Großstädte der Sahara und des *Bilad al-
Sudan* zum Schmelztiegel des Nigerbogens
geworden und Städte wie Timbuktu hatten
eine gemischte muslimische Bevölkerung
aus Berbern, Arabern und farbigen Afrikanern, was bis heute so ist.

Boujebeha (Bou Djebiha, Bousbehay, Boûd-
jbéha, Bujbayhah)
Wüstendorf, 220 Kilometer nordnordöstlich
von Timbuktu und 100 Kilometer südwestlich von Arawan

Bozo
Fischervolk am nördlichen Abschnitt des Niger.
Obwohl sie ethnisch nicht zu den Malinke
gehören, sprechen sie Manding, die Sprache
der Malinke, einer Untergruppe der Mande.

Dala'il al-Khayrat
*Dala'il al-Khayrat wa Shawariq al-Anwar fi
Dhikr al-Salat ala al-Nabi al-Mukhtar*, von
Imam Muhammad b. Sulayman al-Jazuli,
gestorben 1465, »Führer zu den Segenswün-
schen und der Ankunft des Lichts durch das
Preisen des auserwählten Propheten«
Dieses im Marokko des 15. Jahrhunderts verfasste fromme Werk – ein Gebet an den Propheten – gehört zu den bekanntesten seiner
Art. Es verbreitete sich schnell in der gesamten muslimischen Welt und wird auch heute
noch in ganz Westafrika gelesen.

Djenné (Jenne)
Stadt im Süden Timbuktus, an einem Arm des
Niger. Djenné war eines der großen Zentren
der islamischen Lehre und des islamischen
Handels sowie eine Partnerstadt Timbuktus.
Heute ist es berühmt für seine großartige Moschee, der größten aus Lehmziegeln errichte-
ten der Welt, die 1907 während der französischen Kolonialherrschaft erbaut wurde.

Djinger-ber-Moschee (Jingere Ber, Jinge-
regir) Songhai, »Große Moschee«
Die »Große Moschee« Timbuktus wurde 1325
auf Geheiß des Kaisers Mansa Musa aus Mali
von Abu Ishaq Ibrahim al-Sahili erbaut,
einem andalusischen Architekten und Poeten, der den Kaiser auf seiner Rückreise von
der Pilgerfahrt nach Mekka begleitet hatte.

Dogon
»Ungläubige«, die entlang des Bandiagara-
Felsmassivs (auch bekannt als Dogon-Land)
circa 200 Kilometer südlich von Timbuktu
lebten.

Fatwa, arab., »formale Regelung oder Meinung
zu einem Punkt des islamischen Rechts«. Eine
Fatwa wird von einem juristischen Ratgeber
oder einem *Mufti* herausgegeben.

Fez (franz. Fès, arab. Fas)
Stadt in Marokko und Zentrum des marokkanischen Buchhandels im 19. Jahrhundert

Fiq, arab., »islamische Rechtswissenschaft«
Akademische Disziplin zum Verständnis der
Sharia, des islamischen Rechts

Fulbe (Fulani, Peul, Pulaar)
Halbnomadische Rinderzüchter und Hirten
aus Zentralmali, die sich auch in weiten Teilen des heutigen Afrika der Sahelzone ausge-
breitet haben, vom Sudan im Osten bis in
den Senegal im Westen.

Fulfulde
Sprache der Fulbe (Fulani, Peul), auch
gebräuchlich in Guinea und dem Senegal, wo
sie als Pulaar bekannt ist

Futa Jallon (Fouta-Djaloa)
Hochland in Guinea und die Hauptquelle der
Flüsse Niger, Senegal und Gambia. Eine
Gegend, die schon immer Rinderzüchter der
Fulbe angezogen hat

Futa Toro (Fouta-Toro)
Gebiet im Tal des mittleren Senegal-Flusses
im heutigen Nordsenegal, angrenzend an die
Wüste des südlichen Mauretanien

Gao
Stadt am linken Ufer des Niger, südöstlich
von Timbuktu. Die frühere Hauptstadt des
Songhai-Reiches

Geomantie
Weissagungen durch in den Sand gezeichne-
te Nummern und Linien

Ghadames (Ghadamis)
Stadt im westlichen Libyen an der Grenze
zu Algerien. Historisch war Ghadames eine
Schnittstelle nach Tripolis und für die Routen
nach Ägypten, während es auch nach Süden
Handelsverbindungen mit Kano in Nord-
nigeria aufbaute. Händler aus Ghadames
spielten im Wirtschaftsleben von Timbuktu
vom 15. bis 19. Jahrhundert eine wichtige Rolle. Al-Bakri beschrieb die Stadt 1068: »Die
Einwohner sind muslimische Berber ... Für
den Weg von Ghadames nach Jabal Nafusa
braucht man sieben Tage, wobei man durch
die Wüste reist. Von Nafusa nach Tripolis
benötigt man drei Tage.« [*Corpus*, S. 86]

Ghana, altes Reich von
Das alte Ghana (auch Wagadu genannt), das
im heutigen Südmauretanien und westlichen
Mali lag und zu dem die Städte Awdaghast
und Walata gehörten, war das nördlichste Territorium der Soninke. Seine Hauptstadt lag
vermutlich irgendwo zwischen den Flüssen
Niger und Senegal, aber der genaue Ort ist
nicht bekannt. Das Reich entwickelte sich vermutlich im 8. Jahrhundert und erreichte seine Blütezeit im 10. Jahrhundert. Es erlangte
in der Region große Macht, bis es im Jahr
1076 von den Angriffen der Almoraviden
geschwächt wurde. Das heutige Ghana hat
mit dem alten nur den Namen gemeinsam.

Gordon Laing, 1793–1826
Schottischer Forscher, der als erster Europäer
Timbuktu erreichte. Er wurde 1826 auf seiner
Rückreise durch die Wüste ermordet.

Hadith, arab., »Spruch, Bericht«
Mündliche Überlieferungen der Aussprüche und Taten des Propheten Mohammed. Der *Hadith* ist eine der Hauptquellen für das islamische Recht.

Hajj, arab., »Pilger, Pilgerfahrt«
Ehrentitel für diejenigen, die die Große Pilgerfahrt nach Mekka auf sich genommen haben (Hajj)

Hamdallahi
Das Kalifat (oder Diina) von Hamdallahi war ein islamischer Staat in Masina. Seine Hauptstadt trug ebenfalls den Namen Hamdallahi (»Gelobt sei Gott«) und lag 80 Kilometer nordöstlich von Djenné. Hamdallahi wurde circa 1818 vom Fulbe Ahmadu Lobbo gegründet, der 1845 von seinem Sohn Seku Amadu (Amadu II., der aber nicht mit dem gleichnamigen Sohn von Omar Tall zu verwechseln ist) und danach von seinem Enkel Ahmadu Ahmadu (Ahmadu III.) beerbt wurde. Hamdallahi beherrschte in der ersten Hälfte des 19. Jahrhunderts weite Teile des Niger-Binnendeltas, griff Timbuktu mehrmals an und erlangte für eine gewisse Zeit die Vorherrschaft. Das Kalifat von Hamdallahi wurde 1862 von Omar Tall besiegt.

Hassaniyya-Araber
Volksgruppe, die größtenteils im heutigen Mauretanien in einem Gebiet lebt, das sich nördlich und westlich des Nigerbogens bis zum Atlantik und Südmarokko erstreckt, und einen arabischen Dialekt spricht. Oft auch Araber oder Baraber genannt.

Hausa (franz. Haoussa)
Sprache und Volksgruppe vom Südniger und Nordnigeria

Heinrich Barth, 1821–1865
Deutscher Forscher, der Mitte des 19. Jahrhunderts in seinem berühmten Werk *Reisen und Entdeckungen in Nord- und Central-Afrika in den Jahren 1849 und 1855* einen der fundiertesten Berichte über das Leben und die Politik im Westafrika der Sahelzone lieferte. Er erzählt darin auch über seinen siebenmonatigen Aufenthalt in Timbuktu im Jahr 1853.

Hijra (Hegira), arab., »Übersiedlung, Auswanderung«
Bezieht sich auf die Übersiedlung des Propheten Mohammed von Mekka nach Medina im Jahr 622 n. Chr., womit die islamische Zeitrechnung beginnt.

Ibn (bin oder b.) arab., »Sohn von«

Ibn Battuta
Shams al Din Abu Abd Allah Muhammad, 1304–1372
Ibn Battuta stammte aus Tanger, Marokko, und war einer der großen Reisenden des 14. Jahrhunderts. Zwischen 1325 und 1353 bereiste er den größten Teil der muslimischen Welt seiner Zeit und wagte sich dann nach Ostafrika, Indien, Sri Lanka, Sumatra und vielleicht sogar bis nach China. Seine Reise nach Westafrika, die im Februar 1352 begann und im Dezember 1353 endete, war seine letzte. Er hielt sich sechs Monate bei Mansa Sulayman, dem Herrscher des Mali-Reiches, auf und besuchte Timbuktu. Seine Erinnerungen an seine Reisen sind in seiner *Rihla* oder »Reise« zusammengefasst, die sein Sekretär Ibn Dschuzaj herausgab.

Ibn Chaldun
Abu Zayd Abd al-Rahman ibn Khaldun, gestorben 1406
Nordafrikanischer Philosoph und Historiker, der in seiner allgemeinen Geschichte der islamischen Zivilisation aus den Jahren 1393/94, dem Kitab al-'Ibar oder »Die Tage der Araber, Perser und Berber«, auch einen kurzen dynastischen Abriss des Reiches Mali lieferte.

Al-Idrisi
Abu Abd Allah Muhammad al-Sharif al-Idrisi, 1100–circa 1165
Al-Idrisi, ein Abkömmling der Banu-Hammud-Dynastie, die Malaga bis 1055 regiert hatte, behauptete auch, ein Nachkomme des Propheten Mohammed zu sein, deswegen das *al-Sharif* in seiner Nisba. Er war Geograf, Kartograf und Reisender, 1154 schrieb er das Buch *Nuzhat al-mushtaq fi ikhtiraq al-afaq*, »Die Reise des Sehnsüchtigen, um die Horizonte zu durchqueren«, oft auch das »Buch Rogers« genannt, da es für Roger II., den normannischen König von Sizilien, verfasst wurde. Darin berichtet er auch über die westafrikanischen Gebiete vom heutigen Senegal bis zum Tschadsee. Al-Idrisi ist vor allem für seine Karten berühmt.

Ibn Sina (Avicenna), 980–1037
Persischer muslimischer Universalgelehrter, der vor allem als Arzt und Philosoph berühmt war. Avicenna ist die latinisierte Form seines Namens.

Ijaza, arab., »Befugnis, Lizenz«
Zertifikat oder Befugnis, meist schriftlich, die die von einem Studenten analysierten und vollendeten Werke aufführt, ebenso wie das Niveau, auf dem diese studiert wurden. Gleichzeitig die Erlaubnis, über diesen Stoff Unterricht zu erteilen.

Imam, arab., »an der Spitze stehende Person«
Bezieht sich auf den Vorbeter in der Moschee, besonders bei den Freitagsgebeten. Wird auch für große Gelehrte, die eine Führungsrolle innehaben, verwendet oder für die politischen Anführer einer muslimischen Gemeinschaft, was dem Kalif entspricht.

Ineslemen
Muslimische Gelehrte der Tuareg

Dschihad (Jihad), arab., »Anstrengung, Kampf«
Militärischer Kampf, um das Reich des Islam zu bewahren und auszuweiten. Meint auch den spirituellen Kampf gegen das Böse in einem selbst. Ersteres wird als »kleiner« Dschihad betrachtet, während die »große« Anstrengung der Kampf gegen die niederen Instinkte der eigenen Seele ist.

Kabara
Hafen Timbuktus am Niger, circa 20 Kilometer von Timbuktu entfernt

Kadi, arab., »Schiedsrichter, Richter«
Gemäß der malikitischen Rechtsschule hat der *Kadi* die oberste richterliche Stellung mit dem Recht inne, die Streitigkeiten der gesamten Bevölkerung einer Stadt zu schlichten. Der *Kadi* hört die Fälle an, die vor ihn gebracht werden, und darf als einziger eine Entscheidung fällen, die nicht angefochten werden kann. Der *Kadi* Timbuktus wurde von den Gelehrten der Stadt bestimmt.

Kairouan (Qairawan, Qayrawan, Cairouan)
Stadt in Tunesien und eines der Hauptzentren muslimischer Pilgerfahrten

Kalif, arab. khalifa, »Nachfolger, Repräsentant«
Höchster politischer Führer einer muslimischen Gemeinschaft; Nachfolger des Propheten in seiner irdischen Rolle

Kano und **Katsina**
Rivalisierende religiöse, kommerzielle und politische Zentren im Hausaland, das im heutigen Nigeria lag. Katsina war im 19. Jahrhundert Schauplatz eines großen Dschihad.

Kel al-Suq (Kel Essouk)
Tuareg-Gruppe, die für ihre Frömmigkeit und ihre Gelehrsamkeit hoch geschätzt wird und große Reputation als Vermittler zwischen Konfliktparteien genießt

Kitab al-Mudhish von Ibn al-Jawzi
Handbuch für Gebete, das Anweisungen für und Beispiele von Predigten enthält, ebenso wie reichlich Material aus Koranstudien, der Sprache, der prophetischen Tradition und der Geschichte, das das Publikum »erstaunen« könnte (so auch die wörtliche Bedeutung des Titels). Ibn al-Jawzi aus Baghdad (1126–1200) war Jurist, Historiker, Prediger und produktiver Schriftsteller.

Kitab al-Shifa von al-Qadi Iyad
Frommes Werk über den Propheten Mohammed, seine Qualitäten und seine Verehrung, geschrieben vom Almoraviden Qadi Iyad (gestorben 1149)

Kolophon
Inschrift am Ende eines Manuskripts mit dem Titel des Werks, dem Namen des Kopisten und dem Datum (oder zumindest dem Jahr) seiner Fertigstellung. Manchmal enthält der Kolophon auch den Namen desjenigen, für den die Handschrift kopiert wurde. Diese Informationen erscheinen auf der Seite oft in dreieckiger Form, da die Linien zum Ende hin enger zusammenrücken.

Kunta (Kounta, al-Kunti)
Ein Klan von Wüstennomaden, wahrscheinlich von den Berbern abstammend, die durch den Aufstieg des Qadiriyya-Sufi-Ordens im 18. und 19. Jahrhundert zu großen geistlichen Führern avancierten. Die Kunta sind heute in ganz Westafrika verbreitet.

Kuti, arab., »von den Goten oder Westgoten«
Die Westgoten (eine Untergruppe der Goten) gehörten zu den Germanen, die sich nach ihrer Invasion des Römischen Reichs im 4. Jahrhundert n. Chr. in Frankreich und Spanien ansiedelten.

Leo Africanus
al-Hasan b. Muhammad al-Wazzan al-Zayyati al-Gharnati al-Andalusi, circa 1488–1554
Der Schriftsteller und Forscher Leo Africanus war ein Muslim spanischer Herkunft, dessen Eltern nach Fez übersiedelten. Er reiste im frühen 16. Jahrhundert durch Nordafrika und zweimal durch Westafrika. 1518 wurde er von sizilianischen Piraten entführt, die ihn Papst Leo X. als Sklaven anboten. Binnen einen Jahres hatte ihn der Papst auf den Namen Johannis Leo de Medicis getauft, worauf er als Leo Africanus bekannt wurde. Er blieb für einige Jahre in Rom und veröffentlichte 1550 das Buch Discrittione dell'Africa, das eine unschätzbare Beschreibung Timbuktus unter den Songhai enthält.

Madrasa, arab., »Ort des Unterrichts«
Islamische Schulen in der ganzen muslimischen Welt, oft von einem einzelnen Lehrer geführt

Al-Maghili
Muhammad b. Abd al-Karim al-Maghili al-Tilimsani, 1440–circa 1505
Muslimischer Gelehrter aus Nordafrika, der die Songhai-Herrscher beriet und eine Abhandlung über die Juden verfasste. Auf seinen Rat hin wurden die Juden offiziell aus dem Songhai-Reich vertrieben.

Maghreb (Maghrib), arab., »Ort der untergehenden Sonne«
Bezeichnung für Nordafrika von Marokko bis nach Libyen

Mahmud Kati
Mahmud Kati b. al-Hajj al-Mutawakkil Kati al-Kurmini al-Tinbukti al-Wa'kuri, gestorben 1593
Hauptautor des Tarikh al-Fattash, einer der großen Chroniken Timbuktus

Malikitische Schule
Eine der vier Schulen des islamischen Rechts. Sie entspringt dem Werk von Malik ibn Anas (715–795) und ist die in Nordafrika hauptsächlich praktizierte Rechtstradition, was die anderen aber nicht ausschließt. Werke über das malikitische Recht wie die Risala von Ibn Abi Zaid (gestorben 922) aus Kairouan und dem Mukhtasar von Khalil ibn Ishaq, verfasst im 14. Jahrhundert, wurden in der ganzen Region verbreitet und stärkten die Autorität der Rechtsschüler, die das malikitische Recht studierten und interpretierten.

Mande
Ethnische und linguistische Gruppe der Sahelzone, darunter auch die Soninke, Malinke, Bambara und Wangara (Dyula)

Mansa Bambara, »Herrscher« oder »König«

Mansa Musa (Mansa Moussa, Kankan Musa), Regierungszeit: 1312–1337
Herrscher des Mali-Reichs, der für seine Pilgerfahrt nach Mekka im Jahr 1325 berühmt ist. Bei seiner Ankunft in Ägypten waren seine Goldgeschenke und Einkäufe so gewaltig, dass sie den Kurs für das Edelmetall zusammenbrechen ließen.

Mansa Sulayman, Regierungszeit: 1341–1360
Herrscher des Mali-Reichs zu der Zeit, als Ibn Battuta 1352/53 Westafrika besuchte. In Ibn Battutas Rihla oder »Reise« wird er aufgrund seiner Habgier als unbeliebter König beschrieben, im Gegensatz zu seinem Vorgänger Mansa Musa, der großzügig war. Sulayman könnte aber auch aus Notwendigkeit weniger spendabel gewesen sein, da Mansa Musa die Schatzkammer geleert und das Land in Schulden gestürzt hatte.

Al-Mansur
Sultan Mulay Ahmed al-Mansur al-Dhahabi, Regierungszeit: 1578–1602
Marokkanischer Sultan, der die Invasion von Timbuktu im Jahr 1591 befahl. Er träumte davon, sich des Goldhandels zu bemächtigen, deswegen auch »al-Dhahabi«, »der Goldene«.

Marrakesch
Stadt im Süden Marokkos, die vom 12. bis 17. Jahrhundert die Hauptstadt Marokkos war. Der Gelehrte Ahmed Baba aus Timbuktu wurde hier 14 Jahre lang gefangen gehalten.

Masina (Macina)
Gebiet südlich von Timbuktu im Binnendelta des Niger. Hier lag die Stadt Hamdallahi, Hauptstadt einer großen islamischen Reformbewegung und eines muslimischen Staates im 19. Jahrhundert.

Massufa (Masufa)
Die Massufa gehörten ursprünglich zu den Sanhaja und sind als »Menschen der Sahara« bekannt. Timbuktu wurde circa 1100 n. Chr. von einigen Massufa gegründet, die von der westlichen Sahara aus nach Osten gezogen waren. Sie waren beeinflusst von der Ideologie der Almoraviden, propagierten diese aber nicht unbedingt. Ibn Battuta fand 1352/53 sowohl in Walata als auch in Timbuktu Massufa und diese blieben bis zur marokkanischen Eroberung ein wichtiger Bestandteil der Bevölkerung Timbuktus. Die Aqit, die führende Gelehrtenfamilie des 16. Jahrhunderts in Timbuktu, waren Massufa.

Mithqal, arab., Gewichtseinheit
Gewicht von 3,5 bis 5 Gramm, je nach örtlichem und historischem Kontext. Bezeichnet auch die Goldmünze dieses Gewichts, den Dinar. Ein Sklave im Timbuktu des 16. Jahrhunderts war 80 Mithqal wert (siehe S. 43).

Mossi
Nichtmuslimische Bewohner von Südmali, die um das Jahr 1400 n. Chr. herum kurzzeitig Timbuktu eroberten

Muezzin, arab. mu'adhdhin
Aufrufer zum Gebet in der Moschee

Mufti, arab., »jemand, der rechtliche Stellungnahmen (Fatwas) ausgibt«
Rechtlicher Berater oder Gelehrter, der formale rechtliche Stellungnahmen oder Fatwas ausgibt – im Gegensatz zum Richter (Kadi)

Muhaddith, arab., »Gelehrter, Traditionalist, Vermittler des Hadith«

Muhammad Baghayogho
Muhammad b. Ahmed b. Mahmud b. Abi Bakr Baghayogho al-Wangari, gestorben 1594
Bekannter Gelehrter Timbuktus aus dem Klan der Wangari Fernhandelskaufleuten aus Westafrika. Muhammad Baghayogho war Ahmed Babas Lehrer.

al-Mukhtar al-Kabir al-Kunti
al-Mukhtar b. Ahmed b. Abi Bakr al-Kunti al-Wafi, Abu Zayn al-Abidin, 1729–1811
Großer Führer der Kunta, berühmt für seine Gelehrtheit und Heiligkeit, seinen politischen Scharf- und seinen Geschäftssinn. Er gründete eine Zawiya, ein Gebäude mit Betraum, in Azawad, circa 400 Kilometer nordöstlich von Timbuktu, von wo aus er in diversen Konflikten zwischen Stämmen vermittelte, insbesondere zwischen seinem eigenen Stamm und den Barabisch. Seine Nachkommen unterhielten viele Kontakte zu anderen islamischen Führern in der Region von Südmauretanien bis nach Bornu und südwärts bis zu den Wäldern der Elfenbeinküste und Guineas. Darunter auch zu Ahmadu Lobbo von Masina.

Mukhtasar von Khalil ibn Ishaq
Dieses im Kairo des 14. Jahrhunderts geschriebene Buch fasst die generellen Regeln des malikitischen Rechts zusammen. Es wurde in Timbuktu viel gelehrt und studiert. Nach Ahmed Baba aus dem Timbuktu des 16. Jahrhunderts sind von Gelehrten aus der ganzen muslimischen Welt über 60 Kommentare zum Mukhtasar geschrieben worden, sieben davon aus Timbuktu.

Mungo Park, 1771–1806
Britischer Forscher, der im Jahr 1805 einen Versuch unternahm, nach Timbuktu zu gelangen. Er kam bis zu Timbuktus Hafen Kabara, wurde aber weiter flussabwärts ermordet. Nichtsdestoweniger entdeckte Park den Verlauf des Niger.

Nigerbogen (la Boucle du Niger, franz.)
Der Nigerbogen ist der nördliche Teil der großen Flussbiegung des Niger. Kabara, der Hafen Timbuktus, liegt an der nördlichsten Kurve des Flusses, was Timbuktu zu einer idealen Schnittstelle zwischen den Karawanen und dem Flussverkehr machte, während die Nähe zu den Flussauen des Binnendeltas seine Versorgung mit Getreide garantierte.

Nisba, arab.
In arabischen Kulturen der Teil des Eigennamens, der die familiäre, ethnische oder geografische Abstammung anzeigt. Die Nisba von Ahmed Baba beispielsweise ist »al-Sanhaji (von den Sanhaja), al-Masnawi (aus Ma-

sina), al-Takruri (aus Takrur), al-Tinbukti (aus Timbuktu)«.

Pascha, arab. *Basha*
Türkischer Titel, von den Marokkanern auch für einen hohen militärischen Rang verwendet. Das von den Marokkanern 1591 eroberte Gebiet des Nigerbogens wurde zu einem Paschalik, dem Amtsbezirk eines Paschas, und von Timbuktu aus von einem von Marrakesch ernannten Pascha regiert, bis 1612 die lokale Arma-Verwaltung ihren eigenen Pascha ernannte und autonom wurde.

Prophet Mohammed
Prophet Mohammed, der Gründer des Islam, wurde 570 n. Chr. in Mekka geboren. Als Erwachsener stieg er auf einen Berg nördlich der Stadt, um zu beten. Hier traf er auf den Engel Gabriel, der ihm göttliche Botschaften eröffnete. Diese Offenbarungen, die Mohammed während seines ganzen weiteren Lebens erhielt, bilden die Verse des Koran. Zum Zeitpunkt des Todes des Propheten im Jahr 632 n. Chr. war der größte Teil Arabiens zum Islam konvertiert.

Qadiriyya
Eine Sufi-Bruderschaft oder ein Orden, der im 12. Jahrhundert in Baghdad den Lehren des Abd al-Qadir al-Dschilani (gestorben 1166) entsprang und später von den Stämmen Nordafrikas und der Sahara wie den Kunta übernommen wurde, die die Qadiriyya in ganz Westafrika verbreiteten

René Caillié, 1799–1838
Französischer Forscher, dem es 1828 gelang, als Araber verkleidet als erster europäischer Forscher Timbuktu zu erreichen und lebend wieder zurückzukehren

Risala, arab., »Abhandlung, schriftlicher Bericht, Epistel«
Die *Risala* von Ibn Abi Zaid al-Qairawani (geboren 922) ist eine Abhandlung über eine Synthese des islamischen Rechts malikitischer Schule und verbreitet in der Region.

al-Sadi
Abd al-Rahman b. Abd Allah b. Imran b. Amir al-Saʻdi, 1596–1655
Autor des *Tarikh al-Sudan*, eine der großen Chroniken Timbuktus

Sahara, arab. *Sahra*, »Wüste«

Sahel, arab. *Sahil*, »Ufer, Küste«
Die Araber sahen die Sahara als einen großen Ozean und die Sahelzone als dessen Küste. Dieser Landstrich, der den afrikanischen Kontinent der Breite nach durchläuft, liegt zwischen der Sahara im Norden und den fruchtbareren Ländern im Süden. Sie ist semiarid mit einem jährlichen Niederschlag zwischen 100 und 600 Millimeter.

al-Sahili
Abu Ishaq Ibrahim al-Sahili al-Gharnati al-Andalusi, circa 1290–1346
Architekt und Dichter aus Andalusien, der zur Entwicklung des sudanesischen Architekturstils Westafrikas beitrug, als er mit Mansa Musa 1324 aus Mekka zurückkehrte und – neben anderen Projekten für den König – den Bau der Djinger-ber-Moschee in Timbuktu leitete

Sanhaja
Die Sanhaja, die behaupten, dass ihre Vorfahren einst aus dem Jemen kamen und sich über die Westsahara verteilten, waren um das Jahr 1000 n. Chr. das größte Hirtenvolk in der Sahara. Sie werden oft mit den Tuareg verwechselt, denn bis zum Jahr 1600 n. Chr. hatten sie sich in der Region Azawad, nördlich des Mittleren Niger, mit diesen vermischt und wurden von den Tuareg vereinnahmt, sodass sie sich kulturell und sprachlich völlig assimilierten. Angesichts ihrer sehr ähnlichen kulturellen Wurzeln – beide sind Kamelnomaden, tragen einen Gesichtsschleier und sprechen Dialekte der Berber – kann das allerdings nicht sehr schwer gewesen sein. Al-Sadi verschmilzt im *Tarikh al-Sudan* die Sanhaja mit den Tuareg. Die Massufa, die ersten Siedler Timbuktus, denen auch die Aqit-Familie entstammte, waren eine Untergruppe der Sanhaja.

Sankoré-Moschee
Moschee im Sankoré-Viertel Timbuktus, wo viele der Gelehrten der Stadt lebten und ihre Sammlungen aufbauten. Sie wurde im 14. Jahrhundert errichtet.

Ségou (Segu)
Stadt südwestlich von Timbuktu am Ufer des Niger. Hier war der Machtsitz der Bambara-Königreiche bis zu deren Eroberung durch Omar Tall 1861.

Sharia (Scharia), arab., »Pfad«
Die Gesetze und Vorschriften des Islam, abgeleitet aus dem Koran und der Sunna und von islamischen Rechtsgelehrten formuliert

Sharif, arab., »edel«
Ehrentitel für diejenigen, die beanspruchen, vom Propheten Mohammed oder seiner Familie abzustammen

Shaykh (Scheich), arab., »Stammesältester«
Ehrentitel für hochrangige religiöse Persönlichkeiten und Gemeinde- oder Stammesführer. Auch anwendbar auf einen Lehrer an einem islamischen Institut für höhere Bildung, auf den spirituellen Meister eines Sufi-Anwärters oder den spirituellen Führer einer Sufi-Bruderschaft. »Mein Scheich« bedeutete »mein Mentor«.

Sidi, arab. *Sayyidi*, »mein Herr«
Ehrentitel für einen Vertreter der islamischen Religion

Sidi Yahia al-Tadallisi
Sidi Yahia b. Abd al-Rahim b. Abd al-Rahman al-Thaʻalibi al-Tadallisi, gestorben 1461
Sufi-Scheich, der angeblich vom Propheten Mohammed abstammte, kam während der Tuareg-Herrschaft um 1450 n. Chr. aus Nordafrika in der Nähe Algiers nach Timbuktu. Er wurde Imam der Sidi-Yahia-Moschee, die ihm zu Ehren errichtet wurde, und schließlich der Schutzheilige Timbuktus.

Sidi-Yahia-Moschee (Sidi Yahya, Sidi Yehiya, Sidi Yehyia)
Moschee, die in Timbuktu zu Ehren von Sidi Yahia al-Tadallisi errichtet wurde. Trotz wiederholter Umbauten steht die Moschee noch heute im Zentrum der Altstadt.

Songhai (Songhay, Songhoï, Songhoy)
Menschen und Sprache einer primär Ackerbau treibenden ethnischen Gruppe, die an der nördlichen Flussbiegung des Niger lebte. Bekannt als »Meister der Schollen«.

Soninke
Die Soninke waren die nördlichsten der Mande und die Herrscher des alten Ghana. Einige von ihnen konvertierten durch ihren Kontakt mit Händlern der Berber und Araber aus Nordafrika als eine der frühesten Westafrikaner zum Islam. Die Soninke bewohnten das Gebiet von den Ufern des Senegal (die Gegend der Goldfelder) bis zum Niger.

Sonni Ali Ber, Regierungszeit: 1464–1492
Songhai-Herrscher, der in kurzer Zeit ein großes Gebiet um den Nigerbogen eroberte, darunter auch Timbuktu. Der *Tarikh al-Sudan* beschreibt ihn als einen boshaften Tyrannen: »Ein Mann von großer Stärke und kolossaler Energie, ein Tyrann, Schurke, Aggressor, Despot und Schlächter, der so viele Menschen getötet hat, dass nur noch der höchste Gott allein sie zählen kann. Er tyrannisierte die Gelehrten und Heiligen, tötete, beleidigte und demütigte sie.« (TSE, S. 91)

Sorko
Songhai sprechende Fischer und Nilpferdjäger, die entlang den Ufern des Niger und an den Seen flussaufwärts von Timbuktu leben. Bekannt als »Herren des Wassers«.

Sudan-Afrika
Ein Begriff für die Sahelzone, die im mittelalterlichen Arabisch als der *Bilad al-Sudan* oder das »Land der Schwarzen« bekannt war.

Sufismus
Islamischer Mystizismus und ein Aspekt des verbreiteten Islam, der überall in der muslimischen Welt praktiziert wird. Sufis suchen mittels Gebeten, Ritualen mit rhythmischer Bewegung oder Musik, Abgeschiedenheit oder Ähnlichem ein persönliches Gotteserlebnis. Sufilogen sind oft stark in das ländliche oder städtische Leben eingebettet und können neben ihren religiösen auch soziale Funktionen haben. Unter den angesehensten internationalen Orden sind die Qadiriyya, die Schadhiliyya und die Naqschbandiyya. Der Tijaniyya-Orden, der im frühen 19. Jahrhundert gegründet wurde, ist im 20. Jahrhundert vor allem in Westafrika enorm gewachsen.

Sunna, arab., »Brauch, Sitte«
Der Korpus akzeptierter Praktiken, der aus den Worten und Taten des Propheten Mohammed, wie sie größtenteils im *Hadith*

dargestellt sind, abgeleitet wurde. Die Sunna ist für die Muslime ein Verhaltenskodex.

al-Suyuti
Jalal al-Din Abd al-Rahman b. Abi Bakr al-Suyuti, gestorben 1505
Berühmter ägyptischer Universalgelehrter, der viele westafrikanische Schüler unterrichtete und auch Herrscher beriet, darunter Askiya Muhammad aus dem Songhai-Reich, der sich auf seiner Pilgerfahrt nach Mekka in Kairo aufhielt und bei al-Suyuti studierte.

Tadmekka
Stadt in der südlichen Sahara, 400 Kilometer nordöstlich von Timbuktu, besiedelt von der Tuareg-Gruppe Kel al-Suq. Ihr Name bedeutet »das ist Mekka«, weil es hieß, dass sie von allen Städten Mekka am meisten ähnele.

Taghaza (Taghaza, Teghazza)
Ort nahe der Salzpfannen 725 Kilometer nördlich von Timbuktu. Ibn Battuta beschreibt 1355 Taghaza in seiner *Rihla* oder »Reise«: »Das ist ein Ort, der nichts Gutes hat. Erstaunenswert ist, dass seine Häuser und Moscheen aus Steinsalz sind und seine Dächer aus Kamelhäuten. Es hat keine Bäume, sondern besteht nur aus Sand mit einer Salzmine ... Keiner lebt dort, außer den Sklaven der Massufa, die nach Salz graben. Der Sudan (Menschen aus dem ›Land der Schwarzen‹) kommt zu ihnen aus ihrem Land und trägt das Salz fort.«

Takrur (Tarkrur, Tekrur)
Name eines Staates am Ufer des Senegal, der zur selben Zeit wie das alte Ghana florierte und schließlich Mali einverleibt wurde. Araber bezeichneten damit das muslimische Westafrika vom Senegal bis zum Tschadsee.

Tamashek (Tamasheq, Tamacheq, Temajegh; arab., Tawariq)
Berberdialekt, gesprochen von den Tuareg, die sich selbst als »Kel Tamashek« oder als »die, die Tamashek sprechen« bezeichnen

Taoudeni (Taoudenite, Tadeni, Tawdani)
Ort mit Steinsalzvorkommen in der Zentralsahara, mittlerweile im nördlichen Mali

Tarikh, arab., »Datum, Datierung, Chronik, Geschichte«

Tarikh al-Fattash
Tarikh al-fattash fi akhbar al-buldan wa'l-juyush wa-akabir al-nas wa-dhikr waqa'i' al-Takrur wa-aza'im al-umur wa-tafriq ansab al-abid min al-ahrar
»Die Chronik des Suchenden«, Geschichte Timbuktus, verfasst von Mahmud Kati und fertiggestellt von dessen Nachkommen im Jahr 1655. Diese Chronik reicht von der Zeit des Songhai-Reichs von der Herrschaft Sonni Alis (Regierungszeit: 1464–1492) bis zur marokkanischen Eroberung 1591 und skizziert die früheren Reiche von Ghana und Mali.

Tarikh al-Sudan
»Geschichte der Schwarzen« von Abd al-Rahman al-Sadi. Sie berichtet von der Region des

Mittleren Niger ab der Gründung Timbuktus im Jahr 1100 n. Chr. bis zur marokkanischen Besetzung 1591 und im Besonderen über die Geschichte des Songhai-Reichs von der Mitte des 15. Jahrhunderts bis 1591, ebenso wie über die des Paschaliks der Arma von Timbuktu von 1591 bis 1655.

Tariqa, arab., »Weg« oder »Pfad«
Das System von Praktiken einer bestimmten Sufi-Tradition, oft in Form einer Bruderschaft oder eines Ordens organisiert

Tifinagh
Das schriftliche Alphabet der Tuareg, das z. T. auf die alte libysche Schrift zurückgeht

Tijaniyya
Sufi-Bruderschaft oder -Orden, von Ahmed al-Tijani (1737–1815) gegründet, der in Ayn Madi in Algerien geboren wurde. Seine Anhänger glauben, dass al-Tijani seine Botschaft direkt vom Propheten empfing und dass deswegen ihre *Tariqa* die authentischste und von Gott gesegnete ist. Al-Tijani wird auch als der höchste der »Heiligen« angesehen, von dem alle anderen davor und danach ihre Inspiration erlangen. Solche Behauptungen führten zu Konflikten mit anderen Sufi-Gruppen, zogen aber auch zahlreiche Anhänger an. Die Tijaniyya verbreitete sich vom Senegal und Mali aus, insbesondere in der Zeit des Omar Tall, und ist nun eine der größten *tariqas* in Westafrika.

Tlemcen (arab. Tilimsan)
Stadt nahe dem Mittelmeer im heutigen Algerien, bedeutend durch ihre strategisch günstige Lage an der Landroute zwischen Marokko und dem Osten

Tuareg (franz. Touareg)
Nomadenstamm, der die Sahara und die Sahelzone, die Massive des Adrar des Iforas in Mali, die Air-Berge in Niger sowie das Hoggar-Gebirge in Algerien bewohnt. Das Volk nennt sich selbst »Kel Tamashek« oder »die die Tamashek-Sprache sprechen« und wird nur von Fremden als Tuareg bezeichnet. Es handelt sich um ein Berber-Volk, das Viehzucht – Rinder, Kamele und Ziegen – betreibt und den großen Handelskarawanen auf ihrem Weg durch die Wüste Geleitschutz bietet. Die Tuareg sind Muslime, aber anders als in vielen muslimischen Gemeinschaften sind es bei ihnen die Männer, nicht die Frauen, die sich traditionellerweise das Gesicht verhüllen.

Tukulor (Toucouleur)
Halbnomadische Hirten, die vom heutigen Südmauretanien vermutlich durch die Ausbreitung der Berber und der Wüste südwärts in die Provinz Futa Toro gedrängt wurden. Der berühmteste Tukulor ist Omar Tall, der durch seine Dschihads um die Mitte des 19. Jahrhunderts die Kontrolle über große Gebiete Westafrikas, darunter auch Timbuktu, erlangte. Ethnisch und kulturell sind die Tukulor eng verwandt mit den Fulbe.

Tuwat (Touat, Tuwait)
Oasenstadt und Lagerplatz in der Nordsahara.

Von hier aus führen Handelsrouten nach Fez, Algier und Tunis im Norden sowie nach Gao, Agadez und Katsina im Süden. Vor ihrem Transport nach Nordafrika und Europa wurden die Sklaven hier gesammelt.

Ulama, arab., »gelehrter Mann«
Rechtsgelehrter des Islam

al-Umari
Shihab al-Din Abu '-Abbas Ahmad b. Yahya b. Fadl Allah al-Adawi, bekannt als Ibn Fadl Allah al-Umari, 1301–1349
Syrischer Historiker, der im frühen 14. Jahrhundert den *Masalik al-absar fi mamalik al-amsar* schrieb, »Die Pfade der Vision in den Gefilden der Metropolen«, eine Enzyklopädie, die auch eine Beschreibung Malis enthielt

Vokalisierung
Das Hinzufügen kurzer Vokale zu eigentlich unvokalisierten arabischen Texten. Die arabische Schrift bildet generell nur Konsonanten und lange Vokale ab aber nicht die kurzen. Kurze Selbstlaute werden nur dann hinzugefügt, wenn eine präzise Aussprache und/oder ein genaues Verständnis gesichert werden sollen. Das gilt vor allem für Handschriften des Koran, aber auch für einige kanonische Texte.

Wahhabiyya
Konservative Strömung des Islam, die auf den Lehren von Muhammad b. Abd al-Wahhab (1703–1772) basiert, eines radikalen und fundamentalistischen muslimischen Reformers von der arabischen Halbinsel. Der Wahhabismus ist die offizielle Glaubensrichtung des heutigen Saudi-Arabien.

Walata (Oualata, Iwalatan)
Oasenstadt in der südwestlichen Sahara im heutigen Mauretanien, gegründet im 11. Jahrhundert

Wali, arab., »Heiliger«
Muslimischer Mystiker, üblicherweise ein Gelehrter, der durch seine Nähe zu Gott besondere Kräfte oder *Baraka* besitzt

al-Wangari (al-Ouangari, Dyula)
Berühmte westafrikanische Gelehrten- und Kaufmannsfamilie, der z. B. der Gelehrte Muhammad Baghaycgho al-Wangari (gestorben 1594) aus Timbuktu entstammte

Westgoten
Germanisches Volk, das sich nach der Invasion des Römischen Reiches im 4. Jahrhundert n. Chr. in Frankreich und Spanien ansiedelte

Zawiya, arab., »Behausung«
Sufi-Einrichtung für das Studium und die Lehre des Islam, in der manchmal aber auch religiöse Führer ihre Botschaft verbreiten. In der südlichen Sahara wurden Stammesgruppen, die sich auf Bildung spezialisiert hatten, als *Zawiya*-Leute bezeichnet.

ZEITTAFEL

DATUM	EREIGNISSE IN TIMBUKTU	DATUM	ALLGEMEINE EREIGNISSE
		622 n. Chr.	Mit der Hedschra, der Flucht des Propheten Mohammed aus Mekka nach Medina, beginnt die islamische Zeitrechnung.
circa 400–1000 n. Chr.	Blütezeit des alten Reichs Ghana, das im heutigen Südmauretanien und im Nordwestens Malis lag	circa 600 n. Chr.	Muslimische Araber erobern die Küsten Nordafrikas vom Roten Meer bis zum Atlantik.
1000–1100 n. Chr.	Die Almoraviden breiten sich von der westlichen Sahara aus, um vom alten Ghana bis nach Spanien Land zu erobern und Handelsrouten zu besetzen.	circa 1000	Die Wikinger erreichen Amerika.
circa 1100 n. Chr.	Gründung Timbuktus, ursprünglich als saisonales Nomadenlager	1095 n. Chr.	Der Erste Kreuzzug
circa 1200–1400 n. Chr.	Blütezeit des Reiches Mali, das sich auf seinem Höhepunkt vom Atlantik bis nach Gao erstreckt	1215 n. Chr.	Die Magna Charta, die die absolute Herrschaft des Königs von England begrenzt, wird unterzeichnet.
1325 n. Chr.	Der malische Herrscher Mansa Musa besucht auf seiner Rückreise aus Mekka Timbuktu und gibt den Bau der Großen Moschee, der Djinger-ber-Moschee, in Auftrag.	1325 n. Chr.	Die ägyptische Wirtschaft wird durch den Besuch Mansa Musas in Kairo und seine großzügigen Goldgaben ins Chaos gestürzt.
1343 n. Chr.	Der heidnische Mossi-Stamm plündert Timbuktu, aber die Malier erholen sich und herrschen für weitere 100 Jahre über die Stadt.	1337 n. Chr.	Der Sultan von Marokko, Abu al-Hasan, erobert Tlemcen und vereint Nordafrika.
1352 n. Chr.	Der große marokkanische Reisende Ibn Battuta besucht während der Herrschaft von Mansa Sulayman Timbuktu.	1340–1400 n. Chr.	Die Pest oder auch der »Schwarze Tod« tötet in Europa geschätzte 25 Millionen Menschen.
1438 n. Chr.	Das malische Reich bröckelt, woraufhin die Tuareg Timbuktu erobern und für 30 Jahre kontrollieren.	1415–1600 n. Chr.	Der portugiesische Vorstoß und Handel entlang der westafrikanischen Küste führt zu einer Verschiebung weg von den traditionellen Handelsrouten durch die Sahara, was letztlich die Macht des Songhai-Reiches aushöhlt.
1450 n. Chr.	Sidi Yahia al-Tadallisi kommt aus der Nähe von Algier, Nordafrika, in Timbuktu an. Er dient als Imam der Sidi-Yahia-Moschee, die zu seinen Ehren gebaut wurde, und wird schließlich zum Schutzheiligen der Stadt.	circa 1450–1850 n. Chr.	Mindestens 12 Millionen Afrikaner werden über den transatlantischen Sklavenhandel zwangsweise nach Nord- oder Südamerika gebracht.
circa 1468 n. Chr.	Ali bin Ziyad al-Kuti, der Vater von Mahmud al-Kati (dem Hauptautor des *Tarikh al-Fattash*), flieht aus Andalusien, um in der Sahara und schließlich in Timbuktu Zuflucht zu finden.		
1464–92 n. Chr.	Regierungszeit des ersten Songhai-Herrschers, Sonni Ali, der Timbuktu brandschatzte und 1468 dessen Gelehrte vertrieb	1478 n. Chr.	Die spanische Inquisition wird eingeführt und offiziell erst wieder 1834 abgeschafft.
1493–1591 n. Chr.	Regierungszeit der Askiya-Dynastie im Songhai-Reich – ein Goldenes Zeitalter für die Gelehrten Timbuktus	1492 n. Chr.	Die Juden werden aus Spanien vertrieben.
1506 n. Chr.	Der in Spanien geborene Reisende und Schriftsteller Leo Africanus besucht Timbuktu.	1492 n. Chr.	Christoph Kolumbus erreicht Amerika.
		1502 n. Chr.	Die muslimischen Mauren werden aus Spanien vertrieben.
1591 n. Chr.	Die marokkanische Arma besetzt Timbuktu. Die Herrschaft der Songhai nimmt damit ihr Ende und das marokkanische Paschalik wird gegründet.	1517 n. Chr.	Osmanische Türken besetzen Ägypten.
1593 n. Chr.	Die Gelehrten Timbuktus, darunter auch Ahmed Baba, werden ins marokkanische Exil verbannt.	1551 n. Chr.	Osmanen nehmen Tlemcen und Tuwat im heutigen Algerien ein.
1608 n. Chr.	Ahmed Baba kehrt nach Timbuktu zurück, wo er 1627 stirbt.		
1612 n. Chr.	Die Verwaltung der Arma ernennt in Timbuktu ihren eigenen Pascha und entzieht sich der marokkanischen Herrschaft	1616	William Shakespeare und Miguel de Cervantes sterben.

1655	Die Chronik Timbuktus, der *Tarikh al-Sudan*, wird von Abd al-Rahman al-Sadi vollendet.	1642	Der toskanische Wissenschaftler Galileo Galilei stirbt unter Hausarrest, nachdem er von der katholischen Kirche verfolgt wurde wegen seines Eintretens für die Theorie von Kopernikus, dass die Erde sich um die Sonne dreht.
1665	Der *Tarikh al-Fattash*, eine weitere Chronik Timbuktus, wird von den Nachfahren seines Hauptautors Mahmud Kati, der 1593 starb, fertiggestellt.		
		1700	Aufstand der Wahhabiyya, eines konservativen Teils des Islam, auf der arabischen Halbinsel.
1737	Die Tuareg besetzen Timbuktu.		
1766	Die Bambara aus Ségou besetzen Timbuktu.		
1770	Die Tuareg belagern Timbuktu.		
1810	Die Kunta bringen Timbuktu unter ihre Kontrolle.	1807	Die Briten verbieten den Sklavenhandel.
circa 1818 n. Chr.	Der muslimische Fundamentalist Ahmadu Lobbo führt eine Rebellion der Fulbe an und etabliert das islamische Kalifat von Hamdallahi in Masina, dem Gebiet des Niger-Binnendeltas.	1798–1801	Napoleon Bonaparte dringt in Ägypten ein. Die Entdeckungen, die von einer ihn begleitenden Gruppe von Wissenschaftlern gemacht werden, erregen großes Interesse in Europa an der afrikanischen Antike und der Kultur Afrikas.
		frühes 19. Jahrhundert	Muhammad Ali gründet ein mächtiges ägyptisches Reich, dringt in das Niltal ein und kämpft gegen die arabischen Wahhabiten.
1826	Hamdallahi erlangt die Vorherrschaft über Timbuktu. Major Gordon Laing, der erste europäische Forscher, der Timbuktu erreicht, wird aus der Stadt befohlen und kommt in der Wüste zu Tode.		
1828	Der Franzose René Caillié besucht als erster europäischer Forschungsreisender Timbuktu und kehrt lebend zurück.	1830	Das erste Mal wird der gesamte Verlauf des Niger auf europäischen Karten verzeichnet.
1845	Ahmadu Lobbo stirbt, was eine Revolte in Timbuktu auslöst. Hamdallahi belagert die Stadt, hungert sie aus und zwingt sie damit zur Unterwerfung.		
1853	Heinrich Barth, ein deutscher Forscher und Gelehrter, der von der britischen Regierung ausgesandt wurde, reist während der Herrschaft von Ahmadu Ahmadu, dem Enkel von Ahmadu Lobbo, nach Timbuktu. Er steht unter dem Schutz der Kunta.	1859	Charles Darwin veröffentlicht *Die Entstehung der Arten*.
1862	Omar Tall beginnt einen Dschihad gegen die Nachkommen von Ahmadu Lobbo; seine Truppen erreichen Timbuktu.	1869	Der Suezkanal wird eröffnet.
1864–1880 n. Chr.	Die Kunta machen gegen Omar Tall mobil und besiegen ihn, was ihnen von 1864 bis 1880 die Herrschaft über Masina einbringt.	1880–1914	Der europäische »Wettlauf um Afrika«
1880 n. Chr.	Die Tuareg übernehmen die Kontrolle über Timbuktu.	1884/85	Die Kongokonferenz teilt Afrika zwischen den rivalisierenden europäischen Mächten auf.
1880–1892 n. Chr.	Die Franzosen konsolidieren und weiten ihre Kontrolle auf einen großen Verband westafrikanischer Länder aus, der 1892 Französisch-Sudan benannt wird.		
1894 n. Chr.	Die Franzosen erlangen die Kontrolle über Timbuktu, können aber die Tuareg in den nördlichen Regionen nicht vor 1916 besiegen.	1914–1918	Erster Weltkrieg
1960 n. Chr.	Die Republik Mali wird unabhängig.	1939–1945	Zweiter Weltkrieg
1960–1968 n. Chr.	Modibo Keita wird der erste Präsident des unabhängigen Mali.		
1968–1991 n. Chr.	Militärdiktatur in Mali unter General Moussa Traoré.	1950–1970	Staaten in ganz Afrika erlangen die Unabhängigkeit von der europäischen Kolonialherrschaft.
1992–2002 n. Chr.	Alpha Oumar Konaré wird zum ersten demokratisch gewählten Präsidenten Malis.	1989	Zusammenbruch der Sowjetunion
2002–	Amadou Toumani Touré tritt die Nachfolge als Präsident von Mali an.	2001–2003	Am 11. September attackieren islamische Terroristen die Vereinigten Staaten, US-Streitkräfte marschieren im Irak ein.

LITERATURVERZEICHNIS

AUSGEWÄHLTE SCHRIFTEN VON JOHN O. HUNWICK

–*West Africa, Islam, and the Arab World* (Princeton, 2006)

–*Jews of a Saharan Oasis. The Elimination of the Tamantit Community* (Princeton, 2006)

–»Studies in Ta'rikh al-Fattash«, III. Ka'ti origins, in: *Sudanic Africa 12*, S. 111–114 (2001)

–»Ahmad Baba on slavery«, *in: Sudanic Africa 11*, S. 131–139 (2000)

–*Mi'raj al-Su'ud. Ahmad Baba's Replies on Slavery*, hrsg. und übers. zusammen mit Fatima Harrak (Rabat, 2000)

–*Timbuktu and the Songhay Empire. Al-Sa'di's Ta'rikh al-Sudan down to 1613, and other Contemporary Documents* (Leiden, 1999)

–»Les manuscrits du Centre Ahmad Baba (CEDRAB) de Tombouctou«, in: *Revue Anthropologique/Actes du VIIᵉ*, S. 49–63 (Paris, 1999)

–»Towards a history of the Islamic intellectual tradition in West Africa down to the nineteenth century«, in: *Journal for Islamic Studies*, S. 4–27 (Kapstadt, 1997)

–»Sub-Saharan Africa and the wider world of Islam. Historical and contemporary perspectives«, in: *Journal of Religion in Africa 26*, S. 230–257 und in: *African Islam and Islam in Africa: Encounters between Sufis and Islamists*, hrsg. v. Eva Evers Rosander und David Westerlund, S. 28–54 (London/Athen, 1997)

–»Fez and West Africa in the Fifteenth and Sixteenth Centuries. Scholarly and Sharifian Networks«, in: *Fés et l'Afrique. Relations économiques, culturelles et spirituelles*, S. 57–71, (Rabat, 1996)

–»Secular Power and Religious Authority in Islam. The Case of Songhay«, in: *Journal of African History 37*, 2, S. 175–194 (1996)

–»The Arabic qasida in West Africa. Forms, themes, and contexts«, in: S. Sperl und C. Shackle, *Qasida Poetry in Islamic Asia and Africa I*, S. 83–98; II, S. 22–25 (Leiden, 1996)

–»Back to West African Zanj again. A document of sale from Timbuktu«, in: *Sudanic Africa 7*, S. 53–60 (1996)

–»Sufism and the study of Islam in West Africa«. The case of al-Hajj Umar, in: *Der Islam 71*, S. 308–328 (1994)

–»Gao and the Almoravids revisited. Ethnicity, political change and the limits of interpretation«, in: *Journal of African History 35*, 2, S. 251 (1994)

–»Studies in the *Ta'rikh al-fattash*, II. An Alleged Charter of Privilege Issued by Askiya al-hajj Muhammad to the Descendants of Mori Hawgaro«, in: *Sudanic Africa 3*, S. 133–146 (1992)

–*Les Rapports intellectuels entre le Maroc et l'Afrique sub-Saharienne à travers les âges* (Rabat, 1991)

–»A Contribution to the Study of Islamic Teaching Traditions in West Africa. the Career of Muhammad Baghayogho« 930/1523–24–1001/1594, in: *ISSS iv*, S. 149–163 (1990)

–»An Andalusian in Mali. A Contribution to the Biography of Abu Ishaq al-Sahili, circa 1290–1346«, in: *Paideuma xxxvi*, S. 59–66 (1990)

–*The African Diaspora in the Mediterranean Lands of Islam*, zusammen mit Eve Troutt Powell (Princeton, 1989; 2. Aufl. 2002)

–»Shar'ia in Songhay. The Replies of al-Maghili to the Questions of Askia al-Hajj Muhammad«, hrsg. u. übers. sowie mit einer Einführung und einem Kommentar vers. (Oxford, 1985)

–»The Mid-Fourteenth Century Capital of Mali«, in: *Journal of African History 14*, 2, S. 195–206 (1973)

–»Songhay, Bornu and Hausaland in the Sixteenth Century«, in: J.F.A. Ajayi und M. Crowder, Hrsg., *History of West Africa*, Band I, S. 202–39 (London, 1971)

–»Arabic Sources for African History«, in: Fage J.D., Hrsg., *Africa Discovers Her Past* (Oxford, 1970)

–»Further Light on Ahmad Baba al-Tinbukti«, in: *Research Bulletin, Centre of Arabic Documentation 1*, S. 19–31 (1966)

–»Ahmad Baba and the Moroccan Invasion of the Sudan« (1591, in: *Journal of the Historical Society of Nigeria 3*, S. 311–328 (1962)

KATALOGE UND GESAMTDARSTELLUNGEN ZU DEN HANDSCHRIFTEN WESTAFRIKAS

Arabic Literature of Africa, hrsg. v. John O. Hunwick, R.S. O'Fahey, Albrecht Hofheinz, Muhammad Sani Umar und Knut Vikør (Leiden, Brill)
–*Band II: The Writing of Central Sudanic Africa*, hrsg. v. John O. Hunwick unter Mitarbeit v. of Razaq Abubakre, Hamidu Bobboyi, Roman Loimeier, Stefan Reichmuth und Muhammad Sani Umar (1995)
–*Band IV: The Writings of Western Sudanic Africa*, hrsg. v. John O. Hunwick unter Mitarbeit v. Ousmane Kane, Bernard Salvaing, Rüdiger Seesemann, Mark Sey und Ivor Wilks (2003)

Catalogue of Manuscripts in Mamma Haidara Library, Bände I–IV, hrsg. v. Abdel Kader Mamma Haidara und Ayman Fuad Sayyid (London, 2000)

Handlist of Manuscripts in the Centre de Documentation et de Recherches Historiques Ahmed Baba, Timbuktu, Mali, Volumes I–V., übers. und zusammeng. v. Sidi Amar Ould Ely, hrsg. v. Julian Johansen (London, 1995)

Cuoq, Joseph: *Recueil des sources arabes concernant l'Afrique occidentale du VIIIᵉ au XVIᵉ siècle [Bilad al-Sudan]* (Paris, 1985)

Hopkins, J.F.P. und N. Levtzion, Hrsg., *Corpus of Early Arabic Sources for West African History* (Cambridge, 1983; Neuaufl. Princeton, 2000)

WEITERE EINSCHLÄGIGE VERÖFFENTLICHUNGEN

Centre National de la Recherche Scientifique et Technologique (CNRST) »Atelier sur l'Exploitation Scientifique des Manuscrits de Tombouctou – Rapport Final«, *21–23 décembre 2006 (*Bamako)

Chemins du Savoir. Les manuscrits arabes et a'jami dans la région soudano-sahelienne. Colloque International 13–17 juin 2005 – Rabat (Rabat, 2006)

Le Maroc et l'Afrique subsaharienne aux débuts des temps modernes. Les Sa'diens et l'empire sorghay. Actes du Colloque International organisé par l'Institut des Etudes Africaines Université Mohammed V–Souissi. Marrakech, 23–25 octobre 1992 (Rabat, 1995)

Temimi, Abdeljelil, Hrsg., *Actes du colloque international tenu à Tombouctou sur la culture arabo-islamique en Afrique au sud du Sahara. cas de l'Afrique de l'Ouest* (Zaghouan, 1997)

WEITERFÜHRENDE LITERATUR

Abdelhamid, Arab, *Les Trésors Manuscrits de la Méditerranée* (Dijon, 2005)

Abitbol, Michel, *Tombouctou et les Arma. De la conquête marocaine du Soudan nigérien en 1591 à l'hégémonie de l'empire peul du Maçina en 1853* (Paris, 1979)

Aboubacry, Athie, *Die politischen Implikationen der Wasserverfügbarkeit in Afrika südlich der Sahara dargestellt am Beispiel der Sahelländer Westafrikas* (Berlin, 2002)

Albert, Jean-Paul, *Westafrika heute* (Nürnberg, 1990)

Ba, A. Konaré, *Sonni Ali Ber* (Niamey, 1977)

Barth, H., *Travels and Discoveries in North and Central Africa, being a Journal of an Expedition undertaken under the auspices of H.B.M.'s Government in the Years 1849–1855*, 3 Bände (London, 1857–1859; Neuaufl. 1965)

Batran, Aziz A., *The Qadiryya Brotherhood in West Africa and the Western Sahara*, in: *Recherche et Etudes 10* (Rabat, 2001)

Benítez, Cristóbal, *Viage a Tombuctú* (Madrid, 1987)

Benjaminsen, Tor Arve und Gunnvor Berge, *Une histoire de Tombouctou*, aus dem Norwegischen ins Franz. übers. v. Yves Boutroue (Arles, 2004)

Beraud-Villar, J. , *L'Empire de Gao, un État soudanais aux XVᵉ et XVIᵉ siècles* (Paris, 1942)

Berge, Gunnvor, *In Defence of Pastoralism. Form and Flux among Tuaregs in Northern Mali,* Doktorarbeit am Center for Development and Environment (Oslo, 1999)

Bertau, Karl, *Schrift – Macht – Heiligkeit: In den Literaturen des jüdisch-christlich-muslimischen Mittelalters* (Berlin, 2005)

Bloom, Jonathan M., *Paper before Print. The History and Impact of Paper in the Islamic World* (New Haven, 2001)

Bovill, E.W., *The Golden Trade of the Moors* (Princeton, 1995)

Bröning, Michael und Holger Weiss, *Politischer Islam in Westafrika: Eine Bestandsaufnahme* (Münster, 2006)

Brown, William Allen, *The Caliphate of Hamdullahi ca. 1818–1864. A Study in African History and Tradition*, Doktorarbeit an der University of Wisconsin (Wisconsin, 1969)

Bonnier, General G., *Occupation de Tombouctou* (Paris, 1926)

Caillié, René, *Journal d'un Voyage à Temboctou et à Jenné dans l'Afrique Centrale*, ins Engl. übers. 1830 als *Travels through Central Africa to Timbuctoo and across the Great Desert, to Morocco* (Paris, 1829; Neuaufl. 1965)

Caron, E., *De Saint-Louis au Port de Tombouctou. Voyage d'une canonnière française suivi d'un vocabulaire sonraï* (Paris, 1891)

Chouki, El Hamel, *La vie intellectuelle islamique dans le Sahel Ouest-African (XVIᵉ–XIXᵉ siècles). Une étude sociale de l'enseignement islamique en Mauritanie et au Nord du Mali (XVIᵉ–XIXᵉ siècles) et traduction annotée de Fath ash-shakur d'al-Bartili al-Walati [mort en 1805]* (Paris, 2002)

Cissoko, S.M., *Tombouctou et l'empire songhay* (Dakar, 1975)

Corvinus, Friedeman und Klaus Grenzebach v. Borntraeger, *Bevölkerungsgeographie Westafrika* (Stuttgart, 1984)

Crone, G.R., Hrsg. und Übers., *The Voyages of Cadamosto and other Documents on Western Africa in the Second Half of the XVᵗʰ Century* (London, 1937)

Cropp, Wolf-Ulrich, *Schwarze Trommeln. Auf Entdeckungsreise durch Westafrika* (München, 1989)

Davidson, Basil und Hugo Seinfeld, *Urzeit und Geschichte Afrikas* (Berlin, 1961)

Davidson, Basil, *Afrikanische Königreiche* (München, 1967)

Delafosse, M., *Haut-Sénégal-Niger. Les Pays, les peuples, les langues, l'histoire, les civilisations,* 3 Bände (Paris, 1912)

Demaison, André, *Le Pacha de Tombouctou* (Paris, 1935)

Diagayeté, Mohamed, *La Ville de Tombouctou, son histoire, ses hommes et sa contribution à la civilisation islamique pendant les XVᵉ–XVIᵉ siècles*, Mémoire pour l'obtention de diplôme d'études approfondies (DEA) Filière Civilisation Islamique, Institut Supérieur de Théologie, Université Ez-zeïtouna (Tunis, 2001)

Diallo, Abdoulaye, *Probleme und Chancen der Integration Westafrikas. Analyse und Evaluierung der Integrationsansätze Westafrikas von der Vorkolonialzeit bis zur Gegenwart* (1997)

Diawara, Mamadou, P.F. de Moraes Farias und Gerd Spittler, Hrsg., *Heinrich Barth et l'Afrique* (Köln, 2006)

Dramani-Issifou, Zakari, *L'Afrique noire dans les relations internationales au XIVe siècle* (Paris, 1982)

Dubois, Félix, *Tombouctou la mystérieuse*, ins Engl. übers. als *Timbuctoo the Mysterious* (Paris, 1897)

Dupuis-Yacouba F., *Industries et principales professions des habitants de la région de Tombouctou* (Paris, 1921)

Dunn, Ross E., *The Adventures of Ibn Battuta: a Muslim Traveler of the 14th Century* (London, 1989; Neuaufl. Berkeley/London, 2005)

Farias, Moraes P.F. (Hrsg.), *Arabic Medieval Inscriptions from the Republic of Mali. Epigrphy, chronicles and Songhay-Tuareg history* (Oxford, 2004)

Fillitz, Thomas, *Der »Heilige Krieg« im Hausaland [1804]* (Wien, 1990)

Frèrejean, Louis, *Objectif Tombouctou: Combats entre les Toucouleurs et les Touareg* (Paris, 1996)

Friedl, Harald, *Die Vertretbarkeit von Ethnotourismus am Beispiel der Tuareg der Region Agadez, Republik Niger (Westafrika) – Eine Evaluation aus Sicht der angewandten Tourismusethik* (München, 2005)

Geist, Helmut, *Agrare Tragfähigkeit im westlichen Senegal: Zur Problematik von Nahrungsspielraum und Bevölkerungsentwicklung in semiariden Tropen Westafrikas* (Hamburg, 1989)

Grevoz, Daniel, *Les Cannonières de Tombouctou. Les Français à la conquête de la cité mythique [1870–1894]* (Paris, 1992)

Gruner, Hans, *Vormarsch zum Niger* (Berlin, 1996)

Haardt, Georges-Marie and Louis Audouin-Dubreuil, *Le Raid Citroën. La première traversée du Sahara en automobile de Touggourt à Tombouctou par l'Atlantide* (Paris, 1924)

Haenger, Peter, *Sklaverei und Sklavenemanzipation an der Goldküste. Ein Beitrag zum Verständnis von sozialen Abhängigkeitsbeziehungen in Westafrika* (Base., 1997)

Haidara, Ismaël Diadié, *Los Otros Españoles: Los manuscritos de Tombuctú: andalusíes en el Níger*, mit Manuel Pimentel (Madrid, 2004)
  – *Les Juifs à Tombouctou: Recueil des sources écrites relatives au commerce juif à Tombouctou au XIXᵉ siècle* (Bamako, 1999)
  – *L'Espagne musulmane et l'Afrique subsaharienne* (Bamako, 1937)
  – *Los últimos visigodos: La biblioteca de Tombuctú* (Sevilla, 2003)
  – *Marginalia* (1996) [Chemins du Savoir]
  – *El Bajá Yawdar y la conquista saadí del Songhay [1591–1599]* (Almeria, 1993; Neuaufl. 2006 als *Jawdar Pasha et La Conquête Saâdienne du Songhay [1591–1599]*)

Hamdun, Said and Noël King, *Ibn Battuta in Black Africa* (Princeton, 1994)

Hanson, John H., *Migration, Jihad, and Muslim Authority in West Africa: The Futanke Colonies in Karta* (Bloomington, 1996)

Harrison, Christopher, *France and Islam in West Africa, 1860–1960* (Cambridge, 1988)

Heath, Jeffrey, *A Grammar of Koyra Chiini: the Songhay of Timbuktu* (Berlin/New York, 1999)

Heiß, Jan P., *Zur Komplexität bäuerlicher Feldarbeit in Afrika* (Münster/Hamburg/ Berlin/ Wien/London/Zürch, 2003)

Hodgkin, Elizabeth, *Social and Political Relations in the Niger Bend in the Seventeenth Century* (Doktorarbeit an der University of Birmingham, 1987)

Hourst, Émile Auguste Léon [Lieutenant de Vaisseau], *Sur le Niger et au Pays des Touaregs: la Mission Hourst* (Paris, 1898)

Ibish, Yusuf, *Editing Islamic Manuscripts on Science: Proceedings of the Fourth Conference of Al-Furqan Islamic Heritage Foundation, London, 29–30 November 1997* (London, 1999)

Ibn Battuta, *Tuhfat al-nuzzar ̄ı ghara'ib al-amsar wa-'aja'ib al-asfar* (1854, hrsg. u. übers. v. C. Défrémery und B. R. Sanguinetti als *Voyages d'Ibn Battûta* und mit einem Vorwort und Anmerkungen versehen v. Vincent Monteil, 4 Bände (Paris, 1996; Band IV übers. v. H.A.R. Gibb als *The Travels of Ibn Battuta A.D. 1325–1354* und mit Anmerkungen versehen v. C.F. Beckingham (London, 1994))

Ibn al-Mukhtar/Mahmud Kati b. al-Hajj al-Mutawakkil, *Ta'rīkh al-Fattash*, hrsg. u. übers. v. O. Houdas und M. Delafosse als *Tarikh El-Fettach, ou chronique du chercheur pour servir à l'histoire des villes, des armées et des principaux personnages du Tekrour* (Paris, 1913; Neuaufl. Paris, 1964)

al-Ifrani, Muhammad al-Saghir b. al-Hajj, *Abd Allah, Nuzhat al-hadi fi akhbar al-qarn al-had,* hrsg. u. übers. v. O. Houda als *Histoire de la dynastie saadienne au Maroc [1511–1670]* (Paris, 1888/89)

Jackson, James Earl Grey, *An Account of Timbuctoo and Housa* (London, 1820)

Jenkins, Mark, *Reise nach Timbuktu: Auf dem Niger durch das Herz Afrikas* (Hamburg, 2007)

Jeppie, Shamil und Suleymane Bachir, *Meanings of Timbuktu* (Kapstadt, 2008)

Joffre, Joseph-Jacques-César, *My March to Timbuctoo*, mit einer Einführung v. Ernest Dimnet (London, 1915)

Jones, Adam, *Zur Quellenproblematik der Geschichte Westafrikas 1450–1900* (Stuttgart, 1998)

Khatibi, Abdelkebir und Mohamed Sijelmassi, *Die Kunst der islamischen Kalligrafie* (Ostfildern, 1996)

Kreutz, Jan, *Der westafrikanische Integrationsprozess: Analyse der Integration Westafrikas auf Grundlage der Europäischen Integrationstheorien* (Saarbrücken, 2007)

Le Jean, Yannick, *Médecine Traditionnelle en Milieu Nomade dans la Région de Tombouctou*, Doktorarbeit an der Faculté de Médicine de Paris-Sud (Paris, 1986)

Lenz, Oskar, *Timbuktu. Reise durch Marokko, die Sahara und den Sudan. Ausgeführt im Auftrage der Afrikanischen Gesellschaft in Deutschland in den Jahren 1879 und 1880 von Oskar Lenz*, 2 Bände (Leipzig, 1884; 2. unv. Aufl. 1892)

Leo Africanus, *Della discrittione dell'Africa* per Giovan Leoni Africano, in: G.B. Ramusio, *Delle navigationi e viaggi*, Band I (Venedig, 1550; ins Dt. übers. und hrsg. v. Georg Wilhelm Lorsbach als *Johann Leo's des Africaners Beschreibung von Africa, aus dem Italiänischen übersetzt und mit Anmerkungen versehen von Georg Wilhelm Lorsbach* (Hersbach, 1805); als *Johannes Leo der Afrikaner. Seine Beschreibung des Raumes zwischen Nil und Niger nach dem Urtext* hrsg.v. Dietrich Rauchenberger (Wiesbaden 1999)

Levtzion, N. und Jay Spauling, *Medieval West Africa: Views from Arab Scholars and Merchants* (Princeton, 2003)

Levtzion, N. und R.L. Pouwels, *The History of Islam in Africa* (Athens/OH, 2000)

Levtzion, N., *Ancient Ghana and Mali* (London, 1973)

Ly Tall, M., *Contribution à l'histoire de l'empire du Mali [XIIIe–XVIe siècles]* (Dakar, 1977)

McIntosh, Roderick J., *The Peoples of the Middle Niger: The Island of Gold* (London, 1998)

Mecklenburg, Adolf Friedrich, Herzog zu, *Vom Kongo zum Niger und Nil. Berichte der deutschen Zentralafrika-Expedition 1910/1911*, 2 Bände (Mannheim, 1912)

Monod, Théodore, *De Tripoli à Tombouctou: Le dernier voyage de Laing, 1825–1826* (Paris, 1977)

Nohlen, Dieter und Franz Nuscheler, *Handbuch der Dritten Welt*, 8 Bände (Berlin, 1993)

Norris, H.T., *The Berbers in Arabic Literature* (London, 1982)

Obert, Michael, *Regenzauber: Auf dem Niger ins innere Afrikas* (Hamburg, 2007)

Park, Mungo, *Travels in the Interior Districts of Africa* (1799), Neuaufl. als *Travels into the Interior of Africa* (London, 1983)

Poulton, Robin-Edward und Ibrahim ag Youssouf, *A Peace of Timbuktu: democratic governance, development and African peacemaking*, mit einem Vorwort v. Kofi Annan (Genf, 1998; in der 2. aktual. Aufl. als *La Paix de Tombouctou: gestion démocratique, développement et construction africaine de la paix*, Genf, 1999)

Richer, R., *Les Touareg du Niger [Région de Tombouctou-Gao]* (Paris, 1924)

Riley, James, *Loss of the Brig Commerce, wrecked on the Western Coast of Africa in the Month of August 1815* (London, 1817)

Roberts, Richard L., *Warriors, Merchants and Slaves: The State and the Economy in the Middle Niger Valley, 1700–1914* (Stanford, 1987)

Robinson, David, *Muslim Societies in African History* (Cambridge, 2004)

Ders., *The Holy War of Umar Tal: The Western Sudan in the Mid-Nineteenth Century* (Oxford, 1985)

Saad, Elias, *Social History of Timbuktu: the Role of Muslim Scholars and Notables [1400–1900]* (Cambridge, 1983)

al-Sa'di, Abd al-Rahman b. Abd Allah, *Ta'rikh al-Sudan*, hrsg. und ins Franz. übers. v. O. Houdas als *Tarikh as-Soudan* (Paris, 1898–1900, Neuaufl. 1964). 1999 v. John O. Hunwick als *Timbuktu and the Songhay Empire* ins Engl. übers., S. 1–270

Sanankoua, Bintou und Louis Brenner, Hrsg., *L'Enseignment islamique au Mali* (Bamako/Mali/Jamana/London, 1991)

Sanankoua, Bintou, *Un Empire peul au XIXe siècle: La Diina du Maasina* (Paris, 1990)

Selby, Bettina, *Timbuktu* (München, 1994)

Stewart, Charles, *Islam and Social Order in Mauritania* (Oxford, 1973)

Strobel, Susanne, *Various Forms of Savagery: Identitäts- und Alteritätskonstruktionen in Reiseberichten viktorianischer Frauen zu Süd- und Westafrika* (Frankfurt, 2003)

Thiriet, E., *Au Soudan français. Souvenirs, 1892–1894, Macina–Tombouctou* (Paris, 1932)

Tymowski, M., *Le Développement et la régression chez les peuples de la boucle du Niger à l'époque précoloniale* (Warschau, 1974)

Ustorf, Werner, *Die Missionsmethode Franz Michael Zahns und der Aufbau kirchlicher Strukturen in Westafrika (1862–1900). Eine missionsgeschichtliche Untersuchung* (Erlangen, 1997)

Vallées du Niger, *Musée national des arts et d'Océanie, 12 octobre 1993–10 janvier 1994*, Ausstellungskatalog (Paris, 1993)

Verne, Markus, *Der Mangel an Mitteln: Konsum, Kultur und Knappheit in einem Hausadorf in Niger* (Münster/Hamburg/Berlin/Wien/London/Zürich, 2007)

Viker, Knut S., *Between God and the Sultan: A History of Islamic Law* (London, 2005)

Weiss, Holger, *Banga-Banga: Stress und Krisen im Hausaland (Nord-Nigeria) im 19. Jahrhundert* (Münster/Hamburg/Berlin/ Wien/ London/Zürich, 1995)

Welch, Galbraith, *The Unveiling of Timbuctoo: the Astounding Adventures of Caillié* (New York, 1939; Neuaufl. New York, 1991)

Willis, John Ralph Hrsg., *Slaves and Slavery in Muslim Africa*, 2 Bd. (London, 1985)

Yattara, Almamy Maliki und Bernard Salvaing, *Almamy: Une jeunesse sur les rives du fleuve Niger* (Brinon-sur-Sauldre, 2000)

Yattara, Almamy Maliki und Bernard Salvaing *Almamy: L'âge d'homme d'un lettré malien.* (Brinon-sur-Sauldre, 2003)

Zebadia, Abdel Kader, *The Career and Correspondence of Ahmad al-Bakkay of Timbuktu* (Doktorarbeit an der University of London, 1974)

Zeindler, Dominik, *Das Gesundheitswesen in Westafrika am Beispiel v. Burkina Faso* (München, 2003)

Ziermann, Stefan, *Kampf um Wasser am Tschadsee: Ökologische Ursachen und Möglichkeiten der nachhaltigen Kriegsprävention und friedlichen Konfliktregelung* (Uster, 2003)

Zouber, Mahmoud A., *Ahmad Baba de Tombouctou (1556–1627): sa vie et son oeuvre* (Paris, 1977)

Diverse Aufsätze anderer Autoren über Timbuktu finden Sie unter anderem auch bei Temimi, A.; Brun, J.P.; Cherbonneau, M.A.; Cissoko, S.M.; Cheykh, H.K.; Cleaveland, T.; Colin, G.S.; Cuoq, J.; Curtin, P.; De Castries, H.; Delafosse, M.; Dupuis-Yacouba, F.; Garrard, T.F.; Genevière, J.; Gomez, E.G.; Gomez, M.A.; Haidara, A.K.; Hofheinz, A.; Insoll, Y.; al-Jamal, S.; Joffre, J.; Kaba, L.; Kaddouri, A.; Knappert, J.; Kodjo, N.G.; Kubbel, L.E.; Lange, D.; de la Roncière, C.; Lévi-Provençal, E.; Laing, G.; Levtzion, N.; Ly Tall, M.; Malfante, A.; Mauny, R.; McIntosh, S.K.; McIntosh R.J.; Monteil, Ch.; Monod, Th.; al-Moudden, A.; Mourgues, G.; Niane, D. T.; Norris, H.T.; Ould Ely, S.A.; Péfontain, Lt.; Person, Y.; de la Porte, I.D.; Radtke, B.; Rejou, Cdt.; Rohlfs, G.; Shoup, J.; Stewart, C.; Tamari, T.; Tamouth, Z.; Zeys, E.; Zouber, M.A.

DANK

Die Autoren dieses Buches sind zahlreichen Gelehrten aus Timbuktu zu Dank verpflichtet, die ihr Leben der Bewahrung der überlieferten Wissenskultur in Timbuktu widmen und uns über Jahre ihre Gastfreundschaft erwiesen haben. Mahmoud A. Zouber, der erste Direktor des Ahmed-Baba-Instituts, war auch der Erste, der die Handschriften Timbuktus der Öffentlichkeit zugänglich machte. Mohamed Gallah Dicko setzte seine Arbeit fort und baute das Institut aus. Wir danken besonders Djibril Doucouré, der seit der Gründung des Ahmed-Baba-Instituts die Handschriften verwaltet, sowie Abdel Kader Haidara, Ismael Diadié Haidara, Abdoul Wahid Haidara, Moctar Sidi Yahia al-Wangari, Sidi Allimam Maiga, Imam Mahmoud Baba Hasseye von der Sidi-Yahia-Moschee und Imam Abdramane ben Essayouti von der Djinger-ber-Moschee und ihren Familien dafür, dass sie ihre Handschriften bewahrten, ihre Bibliotheken öffneten und uns ihre Schätze zeigten.

Dank geht auch an Mahamane Mahamoudou (Hamou) und Sidi Mohamed ould Sidi für biografische Informationen zu den Autoren der Region Timbuktus und Azawads sowie an Ali ould Sidi und Salem ould el Hadje für ihr wertvolles Wissen über die Geschichte Timbuktus. Wir bedanken uns bei den Forschern des Ahmed-Baba-Instituts für ihre Hilfe bei der Lokalisierung von Manuskriptteilen und für das Katalogisieren der Sammlung, insbesondere Mohamed Hamidou Dicko, Moulaye Ismail Haidara, Sidi Allimam Maiga, Mohamed Diagayété, Namou S. Haidara und Baba ould Boumama. Ein Dank geht auch an Wissenschaftler der Universität von Bamako, insbesondere an Drissa Diakité und Samby Khalil Magassouba.

Besonders bedanken möchten wir uns bei unseren Lektoren Clover Jebsen Afokpa, Gunnvor Berge, Albrecht Hofheinz, Bernard Savaing, Charles Stewart und Knut Vikør, ebenso wie bei den Spezialisten, die verschiedene Abschnitte des Buches rezensiert, ergänzt und kommentiert haben: Gunnvor Berge, Sozialanthropologe der Abteilung für Internationale Umwelt- und Entwicklungsstudien an der norwegischen Universität für Biowissenschaften zu den Bewohnern des Nigerbogens und den Tuareg; Albrecht Hofheinz vom Institut für Kulturwissenschaft und orientalische Sprachen an der Universität Oslo an der Fondo Kati; Bernard Salvaing vom Zentrum für Afrikastudien an der Universität Paris I zu den Ajami-Handschriften; Charles Stewart vom Institut für Geschichte an der Universität von Illinois zu den Gelehrten der westlichen Sahara; Knut Vikør vom Institut für Archäologie, Geschichte, Kulturwissenschaft und Religion an der Universität von Bergen zum Sufismus; Mohamed Maghraoui von der Universität Mohamed V–Agdal in Rabat und Philippe Roisse vom Centre de Documentation et de Recherches Arabes Chrétiennes (CEDRAC) an der Universität St. Joseph in Beirut, Libanon, zur Kalligrafie; Professor Michael Carter vom Zentrum für Mittlerer-Osten-Studien an der Universität Sydney zur arabischen Grammatik; Christine Amadou von der Universität Oslo zu klassischen griechischen Gelehrten sowie Lutz Eberhard Edzard von der Universität Oslo zu Fragen aus dem Gebiet der hebräischen Sprache. Viele Menschen haben uns mit unschätzbaren Leistungen dabei geholfen, den Inhalt von Handschriften zu identifizieren, nachzuprüfen und zu beschreiben, darunter: Abdelaziz Abid, Noury Mohamed Alamine al-Ansary, Michael Carter, Djibril Doucouré, Abdel Kader Haidara, Albrecht Hofheinz, Mohamed Maghraoui, Sidi Allimam Maiga, Philippe Roisse, Muhammad Sani Umar und Sidi Mohamed ould Youbba. Wir danken auch Muhammad Sani Umar von der Northwestern University dafür, dass er uns über den Empfehlungsbrief des Kunta-Gelehrten al-Baqqai im Appendix XIV von Barths Werk informierte, sowie Fatima Harrak vom Institut für Afrikastudien in Rabat,

die zu Recht darauf bestand, dass wir einen Abschnitt über jüdische Gemeinschaften einfügten. Besonderer Dank gilt auch Cynthia Jay für ihre Erstellung einer Karte von Westafrika.

Wir möchten denjenigen danken, die zum Projekt Arabic Literature of Africa beigetragen haben, insbesondere zum Band IV über das Afrika des Westsudans, und die uns ausführlich über die Gelehrten der Region und deren Werke ins Bild gesetzt haben: Knut Vikør, Albrecht Hofheinz, Ousmane Kane, Bernard Salvaing, Rüdiger Seesemann, Mark Sey und Ivor Wilks. Wir sind auch Koninklijke Brill N.V. und insbesondere Trudy Kamperveen, die an John Hunwicks Texten arbeitete, zu Dank verpflichtet, dass wir Material in Anspruch nehmen konnten, das zuvor von Brill Academic Publishers veröffentlicht worden war, insbesondere *Timbuktu and the Songhay Empire* (1999) sowie *Arabic Literature of Africa Volume IV – The Writings of Western Sudanic Africa* (2003). Wir danken auch Markus Wiener, der einige von Johns früheren Werken veröffentlichte, auf die hier zurückgegriffen wird. Interessierten Lesern seien diese Werke und das hier herangezogene reiche Quellenmaterial ans Herz gelegt.

Sehr dankbar sind wir dem Institut für Afrikastudien in Rabat, insbesondere Fatima Harrak und Ahmed Toufiq, dem früheren Direktor der Nationalbibliothek von Marokko, sowie Ahmed Chouqui Binbine an der Königlichen Bibliothek von Marokko für die langjährige Zusammenarbeit und den Zugang zu ihren Einrichtungen und Publikationsservices; dem Programm für Afrikastudien und der Afrikanischen Bibliothek an der Northwestern University danken wir dafür, dass wir wertvolles bibliografisches Material einsehen konnten, das sonst kaum zu finden ist, sowie dem Personal des Instituts für das Studium der islamischen Lehre in Afrika, insbesondere Rebecca Shereikis und dem jetzigen Direktor, Muhammad Sani Umar. Dank gilt auch den verschiedenen Wissenschaftlern der interdisziplinären »Mali-Gruppe« an der Universität Oslo, die bei vielen Fragen konsultiert wurden.

Wir danken Professor Rex Sean O'Fahey von der Universität Bergen, der das *Institute for the Study of Islamic Thought in Africa* (ISITA) und das Projekt *Arabic Literature of Africa* (ALA) zusammen mit John Hunwick ins Leben rief. Wir danken Abdoulaye Idnane Touré (Acropole genannt), der den Club John O. Hunwick in Timbuktu initiierte. Dank auch an Hamma und Ibrahim, die uns während unserer Aufenthalte in Timbuktu zur Seite standen, und dem Hotel Colombe in Timbuktu, wo die Idee zur Zusammenarbeit an diesem Buch entstand.

Ganz besonderer Dank gilt Ali ould Sidi, dem Leiter der Cultural Mission in Timbuktu, Mohamed Gallah Dicko, dem Direktor des Ahmed-Baba-Instituts in Timbuktu (IHERIAB), Modibo Haidara, dem Direktor des National Research Centre in Bamako (CNRST), sowie Abdelaziz Abid, der für das *Memory of the World Programme* der UNESCO verantwortlich ist und uns ermutigte, dieses Abenteuer zu wagen. Wir bedanken uns auch beim Programm für Afrikastudien der Northwestern University, das ein Büro für den emeritierten John Hunwick zur Verfügung gestellt hat, sowie dem Zentrum für Entwicklung und Umwelt (SUM) an der Universität Oslo, das Alida Jay Boyes Arbeitsplatz für dieses Projekt war. Zu größtem Dank aber sind wir der *Norwegian Agency for Development Cooperation* (Norad) verpflichtet, die das *Timbuktu Manuscripts Project* für die Erhaltung und Förderung des afrikanischen Literaturerbes seit dessen Gründung 1999 unterstützt.

John O. Hunwick, Alida Jay Boye und Joseph Hunwick

سترة وتقوانا محمد وعلى آل سيدنا نا محمد امام الحوايل
اللهم صل وسلم على سيدنا ومولانا محمد وعلى آل سيدنا
محمد امام اهل الخلافض اللهم صل وسلم على سيدنا ومولانا
وعلى آل سيدنا محمد امام المؤيدين اللهم صل
على سيدنا ومولانا محمد وعلى آل سيدنا محمد امام المسلمين

اللهم صل وسلم على
سيدنا ومولانا محمد وعلى آل
سيدنا محمد امام الزاهدين
اللهم صل وسلم على سيدنا وتقوانا محمد
وعلى آل سيدنا محمد امام المجاهدين
اللهم صل وسلم على سيدنا ومولانا
محمد وعلى آل سيدنا ومولانا محمد

أمينًا جميل محبته وراقبته اللهم صل وسلم على سيدنا وخذ بنا

معهم وعلى آل سيدنا الذي وهب الله أمته به وأنذرهم

من خبر ما آتاه نبيه صلى الله وسلم عليهم

<hr />

بابٌ في إمامته

العليه لجميع البريه صلى الله عليه

وسلم على سيدنا ومولانا وعلى آل سيدنا

محمد اتباع الأئمة الأعلاق اللهم صل وسلم على سيدنا

ومولانا محمد وعلى آل السير اتباع الأنبياء عليهم

الصلاة اللهم صل وسلم على سيدنا ومولانا محمد وعلى آل

سيدنا اتباع الأئمة الأبرار اللهم صل وسلم على

سيدنا ومولانا وعلى آل سيدنا محمد اتباع الأئمة

الأخيار اللهم صل وسلم على سيدنا ومولانا محمد وعلى

آل سيدنا اتباع الأئمة الصالحة اللهم صل وسلم وعلى

سيدنا ومولانا محمد وعلى آل سيدنا اتباع أهل

الرتبة العالية اللهم صل وسلم على سيدنا ومولانا

وعلى آل سيدنا اتباع رسل الله اللهم صل وسلم على

لله رب العلمين

هذا اخراللث الثاني

هذا اوراللث الثالث

اللهم رب الازواج والاجساد
البالية اشرانك يكل مة

مَعَ الْقَوْمِ عَلَيْهِمْ

مِنَ النَّسْرِ الصَّرِيحِ

الشَّهْدَا وَالصَّغِيرِ

وَحَسْبُ لَكَ

رُفَقَاءُ الْحِمَمْ

REGISTER